U0726028

1957 年 4 月 21 日，刘彤华在北京协和医学院 3 号楼前留影

显微镜下写传奇

病理学泰斗

刘彤华 传

梁智勇　陈明雁　编　　著

孟小捷　　特约撰稿人
陈龙云　　编 写 助 理

人民卫生出版社
·北 京·

1993 年，刘彤华在办公室翻阅书籍

刘彤华（1929.11.13—2018.07.08）

著名病理学家，中国工程院院士，北京协和医院病理科教授、博士生导师。

从事病理诊断工作66年，对疑难病症的诊断率极高，深得临床医师和患者的信任。在科研方面，她对胰腺肿瘤，特别是胰腺癌的实验性基因治疗进行了深入系统的研究，开展了内分泌肿瘤的分子生物学和分子遗传学研究，获国家科学技术进步奖二等奖。

刘彤华院士主编专著4部，其中被病理工作者誉为案头书的《诊断病理学》已出版第4版（现更名为《刘彤华诊断病理学》），深受欢迎。刘院士始终站在学科发展的前沿，引领病理学科的发展。她率先在国内提出个性化医学时代需要形态病理和分子病理相结合，以及靶向治疗需要靶向诊断的观点，积极推动分子病理的发展。她也通过言传身教，为中国病理界培养了一大批人才。

約翰大學

歷年成績表

		第 四 學 年 (1950年 8 月到1951年 3 月)				第 五 學 年 (1951年 4 月到1951年 11月)				第 六 (1951年11 月到	
		上學期		下學期			上學期		下學期		
科 目		每週時	成績	每週時	成績	科 目	每週時	成績	每週時	成績	科 目	每週時
理學		15	86	3	78	內 科 學	5	78	7	90	內 科 學	
理學		6	90	12	88	外 科 學	5	91	5	95	外 科 學	
經解剖學				2	88	產 科 學	4	96	4	90	婦 科 學	25
用解剖學		1.5	82	1.5	85	病理診斷學	4	85			熱 帶 病 學	
菌學		9	87			藥 理 學	6	90			精 神 病 學	
生蟲學				4	95	神 經 病 學	2	90	2	85	皮膚花柳科學	
理學				6	86	物理診斷學					泌 尿 科 學	
理診斷學				4	84	眼 科 學			2	93	矯形外科學	
理診斷學						耳鼻喉科學	1	85			眼 科 學	
治講座		3	丙			小 兒 科 學			3	83	放 射 學	
						公共衛生學			6	80	公共衛生學	
						政 治 講 座	3	丙			法 醫 學	

其餘課程成績

圣约翰大学醫学院
SCHOOL OF MEDICINE
ST. JOHN'S UNIVERSITY
报考报名单
APPLICATION FORM

No.

18 年 6 月 日
June 1949.

姓名
Name 刘彤华 （ Liu Tung-hua ）
英文 (Romanized)

年岁 20 性别 女
Age Sex

籍贯
Native Place 江苏 无锡

如信基督教派別
If Christian, which 何公会
denomination

通讯处
Mailing Address 上海陕西北路 493弄 10号
电话
Tel. 33680

父 （保证人） 姓名 刘间元
Father's (Guardian's) Name

职业 商
Occupation

地址
Address 陕西北路 493弄 10号
电话
Tel. 33680

备考
Remarks:

醫預科学業成绩
PRE-MEDICAL RECORDS

肄業大学校名
Name of University
校址
Address

学程 Course	課本 Textbook	結分 Grade	学分 Credits	每週授課時數 Hours per week 講授 Lecture	實習 Laboratory
英 文 1－2		B. C. A. 4	✓		
13－14		A. C. A. 4	✓		
国 文 1－2		B. C. A. 4			
13－14		B. C. A. 4	✓		
歷 史 1		C. C. 3. 3			
1		C. C. 3. 3			
化 學 1－2		C. C. 3. 3			
算 大 1－2		C. B. 3. 3			
生 物 1		B. 3. 1			
物 理 11－12		C. B. 3	加授 C. 3.	附加 g
心 理 11－12		A. C. 3. 3			
經 濟 11－12		B. B. 0. 0			
化 學 1－2		B. C. A. 4	✓		
生 理 1－104		B. B. 3. 3	✓		
体 育 1－2		C. B. 3. 3			

教務長或註冊主任簽名暨蓋章
Signature of Dean or Registrar 张江鹤

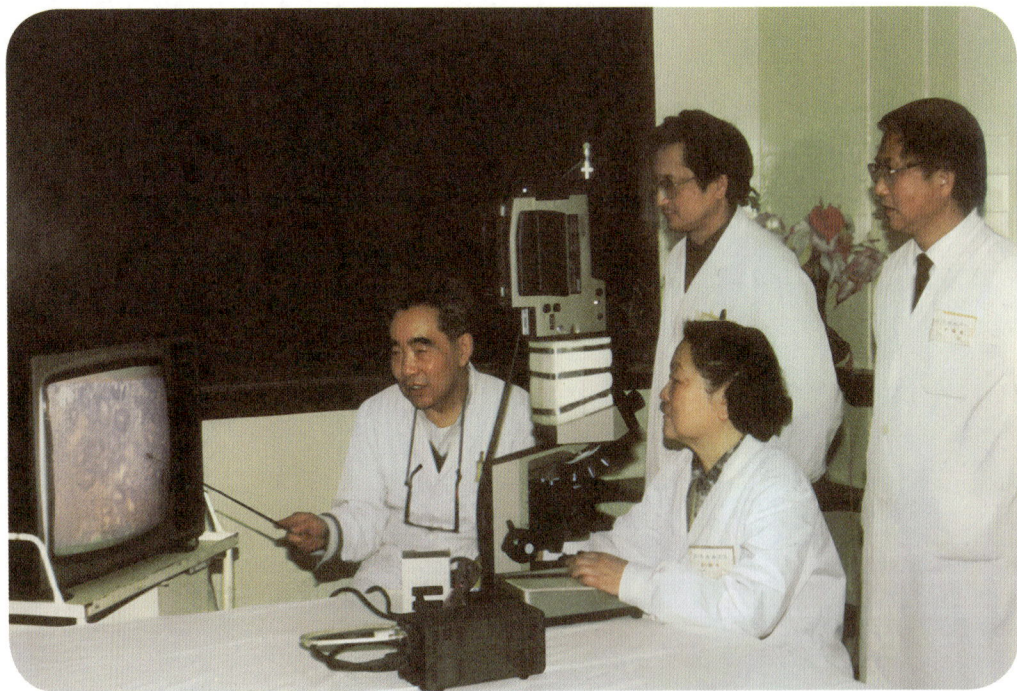

1991 年，北京协和医院病理科开展病理阅片

1995 年，澳大利亚外宾来北京协和医院病理科访问

我这个人就是好强，在一个地方不说做出多大的成绩，至少一定要做好，绝不叫人背后指指点点。我做事就是认真，不会随随便便、马马虎虎做一个事情，我不是这个性格。

——刘彤华

2001 年，北京协和医院病理科医生读片讨论

12例 Ulcer-Cancer 的病理改变

病理号(S) 住院号(H)	姓名	性别	年令(岁)	病程(月)	巨体改变 溃疡部位	溃疡形态	溃疡大小(cm)	慢性溃疡病变 溃疡底 肌层破坏程度	疤痕	血管内膜增厚	癌病变 组织类型	癌病变 癌变处 部位及范围	溃疡疤有关否	疤痕
S- H-		男	62	20	小弯中部	卵圆形 ◯	3.8×2.5×1.3	完全	廿	十	明显	单化ca	下端边缘粘膜上皮有癌变	一	胶
S- H-		男	53	7⁺	小弯高出方 5.5cm	三角形 唇斗状	2×2×1.2	完全	卅	廿	明显	腺ca	两端边缘均有癌变 上端已侵入浆膜	一	荣
S- H-		女	40	20⁺	小弯	卵圆形 0	3×3×1 近下端边缘粘有小肌肉残迹		卅	卅	上端明显	腺ca	两端边缘均有癌变为浸润癌组织结构似印戒细胞ca	十 (排甲川ca)	荣
S- H-		男	59	1⁺	小弯高出方 2.5cm		3×3	完全	廿	廿	日明显	腺ca	两端边缘均有癌变,以上端为多,入粘膜层	一	松
S- H-		男	48	8⁺	小弯高出方		2.6×2×0.5	完全	廿	十	上端较明显	腺ca	两端边缘均有癌,以上端为多	一	胶
S- H-		女	53	7⁺	小弯高出方 4.5cm	圆形 唇斗状	1.5×1.5×1	完全	卅	卅	明显	单化ca	两端边缘均有癌变,上端癌ca已侵入浆膜	一	荣
S- H-		男	62	30⁺	小弯高出方 3cm	卵圆形	1.1×0.6×0.3	完全	廿	卅	日明显	腺ca	两端边缘粘膜癌变,尽厚组织注射	一	松
S- H-		男	32	4⁺	小弯高出方 3.3cm	明显棹槭 (浸润方+)之上	4.3×1.3×0.5	完全	卅	廿	下端明显	腺ca	两端边缘均有癌变,上端较多,已侵入浆膜	一	荣
S- B-		男	62	10⁺	小弯高出方 5cm	三角形	2×1.5×0.5	完全	卌	卅	上端明显	硬ca	主要下端癌变,已侵入肌层达浆膜,上端少量	一	荣
S- B-		男	39	11⁺	小弯		3×1.5×1.5	完全	卅	廿	明显	腺ca	两端粘膜及溃疡疤边缘有ca	一	松
S- H-		女	63	5⁺	小弯高出方 4.0cm		1.1×1×0.5	完全	卅	卅	明显	粘液腺ca	两端粘膜及溃疡部癌变之粘膜	一	松
S- C-		女	41	10⁺	小弯明显	4.5×2.2	4.5×2.2	完全	廿	廿	上端明显	单化癌	两端粘膜癌变	一	松

1 2 481 ulcer - cancer 简图

序　言

"一部协和史，就是半部中国现代医学史。"北京协和医院自 1921 年成立以来，培养了一大批享誉中外的医学巨匠，也诞生了众多医界学科带头人，他们犹如群星，用智慧和汗水铸就了协和的辉煌，也照亮了中国现代医学的天空。其中，有一颗璀璨的星星，她以严谨的作风、深厚的学识、无私的奉献，为我国医学事业特别是病理学的发展，书写了浓墨重彩的篇章——她就是我国杰出的中国工程院院士、病理学家、医学教育家刘彤华。

刘彤华院士出生于内忧外患的民国时期，成长于烽火硝烟的动荡岁月。1947 年，她怀揣着对医学的向往，报考上海圣约翰大学医学院；1952 年，她响应国家号召到北京协和医学院病理系高级师资培训班进修，接受协和最严格规范的病理学培训；1957 年，她从第七军医大学调至中国协和医学院病理系工作，从此与协和结下一生的缘分。创办协和医院病理科，历任病理科副主任、主任，"没有刘彤华，就没有今天的病理科"，这是协和人对刘彤华院士的评价。

在近 70 年的"病理人生"里，刘彤华院士做出了 30 万份病理诊断，不仅救治了无数患者，更取得了显著的科学成就，被誉为"全国病理诊断的金标准"。她率先创建分子病理实验室，开展的分子生物学及细胞生物学研究达到世界先进水平；潜心胰腺癌病理学研究，取得国家科学技术进步奖二等奖等一系列开创性成果。她为协和病理科乃至全国病理学科发展做出巨大贡献。

她扎根在碧瓦飞檐下，出诊断、做科研、撰指南、育人才，在显微镜下日拱一卒，为病理事业奉献了毕生心血。大家常说，协和人是"熏"出来的。"明目孜孜察秋毫，丹心彤彤报中华"。刘彤华院士以非凡的造诣和坚持一生的勤奋执着，在病理事业上屡建功绩而不傲、著作等身不自恃。刘彤华院士的一生是协和病理学科蓬勃发展的缩影，也是对"严谨、求精、勤奋、奉献"的协和精神最生动的诠释。她所树立的"大医生""大科学家"的光辉典范，激励着一代代协和人。

本书历时七年，于刘彤华院士诞辰 95 周年之际付梓，凝聚着协和后辈对她的无限敬仰与深切缅怀。历史的车轮滚滚向前。如今，新一代协和人正努力实现高质量发展，走好新百年征程、勇担历史使命、答好时代之问。衷心希望通过此书，激励新一代协和人沿着前辈的足迹踔厉奋发、勇往直前，在新时代新征程上挺立潮头，让协和精神永放光芒。

张抒扬　吴沛新

2024 年秋

前　言

执笔寻师空有愿，入梦亲聆亦有憾。

唯撰往事在此传，且将遗志留人间。

"要让前辈的崇高情怀变成大家能够触摸到的情感力量，这是我们的使命。"刘彤华院士诞辰95周年之际，我们怀着敬仰与怀念的心情推出《显微镜下写传奇：病理学泰斗刘彤华传》，深切缅怀这位中国工程院院士、病理学家、医学教育家，北京协和医院病理科教授、研究员。

病理诊断被认为是疾病诊断的金标准，刘老师被大家亲切地称为"金标准的标准"，本书记录了她的人生轨迹，讲述了她从年少颠沛流离的苦难中坚定选择从医报国，到终成医学大家的历程里，坚守显微镜前的无悔一生。这是她留给后人的精神文化，无论是病理学界同仁还是其他专业同僚，只要真心地、诚挚地去了解她的一生，都会有所收获。她倾注一生心血造就的病理科业务架构，奠定了今日北京协和医院病理科的业界地位；她编撰的著作，成为病理从业者的案头书；她引领的技术创新，更让病理学科迎来了跨时代的发展；她培养的众多杰出的学生，沿着她开辟的道路勇攀学术高峰。这些成绩的取得，都源自她的正直单纯——她真诚地热爱医学，义无反顾地继承了病理诊断领域前辈们的高贵品格，以单纯的心面对救治；还源自她的志向与大爱——她胸有丘壑，高瞻远瞩，做好学科规划布局；舍弃小我，成就大我，把学科发展放在第一位；海纳百川，知人善任，建设引领"以身作则、立德树人"传承协和精神的强大团队。这是她独特的个人魅力，也是她留给我们弥足珍贵的文化遗产。

当笔锋轻轻落下，为这部记载刘彤华院士学术生涯的书籍画上句点，我们不禁回首那段艰辛而充满意义的时光。自2014年起，北京协和医院病理科肩负起了一项神圣的使命——参与中国科学技术协会"老科学家成长资料采集工程"，对刘彤华院士的学术资料进行细致地采集与整理。

刘彤华院士，这位在中国医学界享有崇高声誉的病理学家，以其六十余年的从医生涯和深厚的学术造诣，为医学事业作出了卓越贡献。她的名字早已成为病理学界的一座丰碑。她的学术思想、科学精神以及对待患者的深情厚意，都深深地影响着我们这一代医学工作者。

采集工程启动后，病理科迅速成立了工作小组，对刘院士的学术资料进行系统搜集与整理。自2017年起，病理科与宣传处派出专人，实地走访了刘院士的家乡和求学之地，深入了解了她的家庭背景、求学历程、师承关系、学术交往以及科研活动。我们收集了丰富的口述、音视频资料，整理了刘院士发表和收集的文献资料、学习工作生活用品和仪器设备等。这些珍贵的资料不仅展现了刘院士的学术成就，更呈现出她作为一名科学家的精神风貌和人格魅力。

在采集过程中，我们特别关注了刘院士所获得的荣誉和奖项以及开展科研合作等相关经历。这些荣誉和奖项不仅是她学术成就的见证，更是她科学精神的体现。她的科研合作经历则展示了她在国际医学界的影响力和地位。

本书的完成，是对刘彤华院士学术生涯的一次全面回顾和总结。我们希望通过这本书，能够让更多的人了解刘彤华院士的人生道路、为人风范、学术思想和科研品格，激发更多年轻人投身医学事业的热情和信心。

回首刘彤华院士的一生，她始终以推动病理学发展为己任，以爱院如家为传承，以医学事业为使命。她的人生经历，映射了参与建设中华人民共和国的一众医者科技报国、淡泊名利的科学家精神；她的职业始末，刻画了中国现代医学中低调谦逊、甘为人梯的病理人的群像。国之栋梁、吾辈楷模，谨以本书向这位逝去的师长致以无限的缅怀和崇高的敬意。

受作者水平所限，以及刘院士在89岁高龄时回忆口述的史料难免有所偏颇，本书疏漏甚至不当之处，敬请读者指教。

梁智勇　　陈明雁
2024 年秋

目 录

第一章

江南烟雨蕴芳华

"哪里可以生存就到哪里去，活不了再走"。那9年的动荡生活在刘彤华的生命中留下了深刻的印记，也铸就了她在后期求学、工作中展现出来的钢铁般的意志和惊人的毅力。与此同时，对社会安定、国家兴盛、民族富强的向往，也深深植根于她的心底，成为一份始终不渝的渴盼和不懈的追求目标。

"水宽山远烟岚迥，柳岸萦回在碧流。"在碧水连天、烟雨楼台的江南水乡中，坐落着一个典雅的城市——北临长江，南倚太湖，东濒苏州，西接常州，著名的京杭大运河穿插其中，这就是素有"布码头、钱码头、窑码头、丝都、米市"之称的鱼米之乡江苏无锡。

作为中国国家历史文化名城，无锡不仅拥有丰厚的文化底蕴，更是中华民族工业和乡镇工业的摇篮。精巧娴静的小桥流水与萌动的民族工商业氛围，孕育出人杰地灵的独特气质。

刘家有女似彤霞

1929 年 11 月 13 日，在黄叶飘落、桂子留香的秋冬交际之时，一个婴儿呱呱坠地，无锡城里的小户人家刘闰元、任佩瑛夫妇在期待和欢喜中迎来了自己疼爱的长女。父亲刘闰元为她起名彤华，希望她的一生如故乡鲜妍似火的朝阳，披着彤霞的远山，谱写出绚烂美妙的华章。

父亲刘闰元出生于糕点世家，其曾祖父经营糕饼业相当成功，但这份家业传到祖父手里，却因祖父荒唐挥霍，不到几年就坐吃山空。刘闰元有四个兄弟，他排老二。小时候，因家里贫困上不起学，在姨父的资助下，他才得以入小学读书。虽然仅仅是小学毕业，但这在当时已是高学历了，同时他也是兄弟几个中学历最高的"尖子生"。

1900 年出生的刘闰元属于眼界开阔、思想开明的那类人，他并没有像三弟那样继承祖上的糕点生意，而是受当时无锡大环境的影响，早早投身到民族商业的滚滚浪潮中。小学毕业后，他就进入酱园当学徒，后又由姨父介绍，到无锡利火煤油号（后发展为无锡利生新煤油公司）做职员。

刘闰元为人勤奋、有头脑。在不断努力下，他由一个小职员晋升为营业员，最后成为美孚石油公司（Mobil）在无锡的代理商，由一个每月仅靠薪金吃饭的职员逐渐变成股东之一。对家庭的责任感促使刘闰元不断奋力打拼，而他的努力也给全家人的生活提供了相对殷实的保障。

母亲任佩瑛出身于商人家庭，但由于其父经商不顺利，家庭经济条件并不是很好，所以任佩瑛也只上到小学毕业就不得不结束了学业。刘彤华的外公、外婆没有儿子，只有两个女儿，任佩瑛是家中的小女儿，父亲刘闰元算是入赘到任家的。结婚时说好，以后如果有两个儿子，一个要姓外婆家的任姓。后来，母亲任佩瑛生了四个女儿、两个儿子，刘彤华的小弟就按照当初的约定，承袭了外婆家的任姓。

母亲任佩瑛婚后一直住在娘家，刘彤华的童年是在外公、外婆家度过的。刘彤华曾回忆说："外公、外婆一家都是好好先生，尤其是外祖父，是个十足的老好人，但求 365 天能安安稳稳地过去，不要出娄子，就算心满意足。"

外婆家位于无锡城东的城墙边上，房屋前面有一条河。家住的那条街叫沙坟丼¹，街后就是城墙。外婆家房子是一座两进的院落，前后各有两层楼，中间是一个天井。在刘彤华 6 岁以前，家里只有她一个孩子。备受外公、外婆宠爱的她，每天就在这个小院里无忧无虑，甚至有些任性地跑进跑出。

刘彤华 3 岁时的照片，是她人生中留存下来最早的一张照片。照片中的她整齐地梳着男孩儿一样的小分头，穿着洋气十足的连身长裙，明眸皓齿、娇俏可爱，黑白分明的眼眸静静注视着镜头，眉眼间有几分顽皮也有几分沉静。

在亲友之间，父亲刘闰元是一个常被夸赞能力强、有出息的人，刘闰元也常常以自己白手起家所取得的成就而感自豪，他也因此不断教育孩子，"年轻的时候要吃得一些苦，长大了才会有出息。"在儿时的刘彤华眼里，父亲是个了不起的人，是自己学习的榜样。尽管她在外公、

1　"丼"，古同"井"，从地面向下凿成的能取水的深井。

3岁时的刘彤华

外婆面前有时会任性、撒娇，一旦面对父亲，她总是毕恭毕敬。

刘家虽不是书香门第，阅历丰富的刘闰元却十分明白教育的重要性。他因自己受教育机会太少，所以希望子女都能够念书，接受最好的教育。尤为可贵的是，刘闰元的脑子里丝毫没有传统的女子无才便是德、重男轻女的陈旧观念，他觉得女儿也可以培养成才。对于聪慧秀丽的长女彤华，刘闰元十分疼爱，在她身上倾注了无限的期望，在彤华很小时就送她去学校读书，平时也十分注重对她的言行举止、性格观念方面的培养。

母亲任佩瑛是个旧式女子，心地善良，性情平和，在家里悉心照顾家人，料理家事，克勤克俭。但生性要强的她，因为自己文化程度低不能自立，只能被动依靠丈夫生活而心有不甘，转而把全部希望都寄托在子女身上，对子女管教甚严。尤其是对长女刘彤华，她一再叮嘱她要用功读书，以后有了本领才能自立自强，不依靠别人生活。

1934年9月，年仅5岁的刘彤华进入无锡白水塘小学读书，父母对她的学习盯得很紧。所以从入学开始，刘彤华就知道要用功读书，有悟性、有灵气的她学习成绩在班里一直遥遥领先。

家乡开明的风气，相对殷实的家庭条件，以及父母开阔的眼界、严格的教育，为刘彤华的学习成长打下了良好的基础，也塑造了她这一生荣辱不惊、乐观向上、坚韧顽强的人格底色。

烽火中辗转求学

1937 年 7 月，抗日战争全面爆发，淞沪地区沦为硝烟弥漫的战场。同年 8 月，日军重点轰炸了无锡境内的公路桥梁以及江阴要塞等战略要地。

侵略者的炮火震碎了刘彤华原本平静的学习生活。那时，她还只是一名小学三年级的学生，但在晚年回忆时她仍清晰地记得，炸弹从天上掉下来，百姓惊慌失措、四处逃命，她和家人吓得躲到了桌子下面。

形势危急，刘闰元先是带着一家人到无锡乡下避难，后又不得不时常更换住处，以躲避日军空袭。面对头顶上随时可能落下的炸弹，刘家人走上了颠沛流离、辗转逃难的求生之路。

刘闰元想到了去当时最安全的上海租界避难，那里的法租界和英租界，日本人不敢轰炸。当时，从无锡到上海没有铁路，只能依靠船只。交通本就不太便利，加之日军空袭，刘闰元一家前往上海避难的路途变得格外艰难。在到达上海之前，他们一家只能暂时在苏州落脚，直到1937 年秋，他们才辗转抵达上海。

在上海的生活非常艰难。刚到上海时，一家人没地方住，只能暂居在一个小旅馆里。那时，1936 年出生的大弟弟刘雨青还不到两岁。刘彤华记得，她和妈妈带着弟弟一起去买米，拿来装米的容器就是当时用来装香烟的那种圆形的金属桶。一罐子的米不过二三两，却是一家四口一天的口粮。即便如此，在刘彤华看来，"那已是很好的日子了，在许多战事胶着的地方，人们只能吃野菜饼、菜根之类的食物，甚至有些人根本就没有东西可吃。"

到上海不久，刘闰元的商号也迁来上海，于是全家在上海租屋定居下来。即便是在这样艰难的生活条件下，刘闰元仍坚持让刘彤华继续学业。因为没有相关学业证明文件，上海的小学不允许插班，刘彤华只能暂时休学在家。1937年秋季，她通过考试进入上海马浪路口小学，从三年级上开始读起。1941年夏季，在六年级毕业考试前，她患了伤寒，卧床数月，因此未能参加毕业考试。

上海沦陷后，刘彤华亲眼看到，外白渡桥两边站着两个日本兵，来往过路的中国人都要向他们低头鞠个躬，叫一声"太君"后才能过去。这一幕深深刻印在年幼的刘彤华心里，让她体会到当亡国奴的耻辱与悲愤。在这样艰难的境况下，美孚石油公司关闭，刘闰元依靠美孚生存的商号也只能歇业。为了维持生计，他决定与一位朋友去苏州经营卷烟、肥皂等用品。于是，刘闰元又携一家五口（大妹刘明华和二妹刘月明于1939年和1941年相继出生）辗转迁至苏州。

刘家在苏州生活期间，江苏正笼罩在汪伪政权的阴影下，百姓生活异常艰难，要同时抚养四个孩子，生存的压力可想而知。但是即便如此，刘闰元依旧坚持将刘彤华送到位于通和坊的苏州诚一中学（后并入苏州一中）继续学业。

诚一中学是一所私立学校，在刘彤华的记忆中，"语文老师教得很好，但人也很厉害，老是拿着个戒尺要打人。"在以后的工作中，无论是撰写文章还是修改论文，刘彤华总是文笔简洁又高效，她扎实的语文底子与初中语文老师的严格要求分不开。不过，诚一中学的校长是一个有着封建思想的老学究，他坚持认为男女授受不亲，尽管学校同时招收男女学生，但必须分室上课，男女同学碰见时也不准谈笑。更奇怪的是，他不准学生看电影，因为他认为电影都有毒，违反这些规则的同学都要被记大过。这个学校里也没有体育课和音乐课，两年的学习生活让刘彤华感觉自己像住在笼子里一般死气沉沉。更让她反感的是，到苏州后，她第一次被逼着一定要念日文。目睹了日寇在中国的烧杀掳掠，刘彤华心想，"作为一个中国人，虽然不能到后方去，留在沦陷区，但也不能心甘情愿地来念日文，做一个倒地的亡国奴。"因此，她说，"日文是我念书以来念得最差的一种。"

1943年，刘家又迎来一个新的生命——小弟弟任晞青出生了。那时候的刘彤华已是少女初长成，多年来随父母颠沛流离的生活让她品尝到生活的艰辛，也因此变得越发懂事，每天除了上学、写作业，其余时间就帮助父母照顾弟弟妹妹，尽可能为家里分担家务。她凝视世界的双眸依然纯真清澈，但渐渐褪去了轻松无忧的童真，添了几许初涉艰难世事后的成熟和稳重。

在那个年代，一般人家的女孩子读到初中，家里就不让其继续读下去了，但开明的父亲一如既往地积极支持刘彤华继续念高中。1944年秋，刘彤华于苏州诚一中学初中毕业后，考入了苏州省立女中。她回忆说："这所学校不像诚一中学，学校氛围相对比较活泼，同学们都是全面发展。如和我比较亲近的同学包美珍等，无论是功课，还是体育、音乐等，各方面都发展得很好。"在和这些同学接触的过程中，刘彤华也意识到，不单要念好书，其他各方面也应该有所发展。

1945年8月，日本战败投降，但是时局依旧动荡。

高二上学期开学不久，苏州政府接管日伪政府在当地的权力，接收大员前来接管苏州省立女中。按照政府规定，凡在原苏州省立女

1944年，15岁的刘彤华

中念书的学生，必须重新参加入学考试才能继续读书。那些从大后方来的人认为，这些留在沦陷区、呼吸伪空气、吃伪米的人都是没志气的，因此对他们鄙视又排挤。刘彤华记得，有一次，一位家不在苏州的住宿同学来不及搬出宿舍，铺盖就被那些来自大后方的人扔到了街上。1945年10月到12月，在这种情况下，刘彤华和另外几个同学都留在家里没有去上学，"宁可上别的学校，也不想受那种气。"休学在家的日子里，暂居苏州家中的表叔给刘彤华补习功课。表叔毕业于清华大学哲学系，不但国文底子好，还精通俄文、德文、日文、法文、英文等多国语言文字，而且数学也很好，刘彤华对他很是钦佩。

抗战胜利后，刘闰元的商号复业了。上海需要办事处，刘闰元是经理，必须回沪经营打理货物。于是，1946年初，刘彤华结束了在苏州省立女中高二上学期的学业后，再次随全家一路奔波赶往上海。

原来居住的上海租界已经正式归还中国政府，一家人这次回沪还想继续在这一带租房。由于连年的战事，刘闰元的积蓄已不如从前那般殷实了，要找到一套合适的房子相当困难。经过多方艰难寻找，刘闰元一家终于在陕西北路493弄10号院租到一套房子。493弄是一个纵深的院落，院内还有若干个小院，10号院内是一座三层小楼，是一个人员混杂的地方。但不管怎么说，对刘闰元一家而言，在经历了日军的空袭和日伪政府的操控压迫后，终于有个相对安稳的地方可以安家了。

现在从无锡到上海的车程约为130公里，开车不过两小时。而在那个炮火连天、动荡不安的年代，刘闰元一家在无锡、苏州、上海三地之间来回奔波、辗转逃难求生的迁徙之路，一走就是9年。"哪里可以生存就到哪里去，活不了再走"，刘彤华说。那9年的动荡生活在刘彤华的生命中留下了深刻的印记，也铸就了她在后期求学、工作中展现出来的钢铁般的意志和惊人的毅力。与此同时，对社会安定、国家兴盛、民族富强的向往，也深深植根于她的心底，成为一份始终不渝的渴盼和不懈的追求目标。

在上海安定下来后，经父亲一位朋友的介绍，刘彤华报考了启明女中。启明女中是一所私立的教会学校，刘闰元并不信教，和教会里的人也没有什么交往。之所以不顾私立学校高昂的费用而将刘彤华送到启明女中读书，一是因为当时刘彤华没有高二上学期的肄业证书，别的学校不能报考，而启明女中不用证明就可以报考；二是他认为在教会学校里可以更好地学习英文。他自己就是因为不懂英文，在和那些外国买办、中国买办做生意、打交道的过程中常常吃亏。在他看来，当时的教会学校在管理、教学方面都是最优质的，他内心深处一直希冀聪慧内秀、喜欢读书的长女能得到最好的教育。

启明女中是由 1867 年（清同治六年）天主教耶稣会在上海创办的经言小学逐渐演变而来的。当时学校专收教内女生，有学生五六十人，教师都是修女，主要为教会培养修女，也开创了中国女子学校之先河。1898 年（清光绪二十四年），学校改名崇德女校，取德行前进之意。1904 年（清光绪三十年），学校划出部分校舍，另办启明女校。此后，崇德专收教徒女生，启明专收非教徒女生。1916 年 6 月 14 日，启明女校新校舍奠基，1917 年落成，地址位于上海天钥桥路 100 号（崇德女校之东）。启明女校办学宗旨是"以普通及高深之学问，教授一般青年女子，养我优美德行，以植家庭贤淑女子之基础"。1920 年，当时的民国大总统黎元洪为学校题匾曰"砥德砺行"。1931 年，启明女校改名上海市私立启明女子中学。1952 年 12 月 31 日改名为"上海市第四女子中学"。1967 年开始兼收男女学生。1968 年正式改校名为上海市第四中学。

刘彤华走进启明女中时，眼前是

1947 年，刘彤华在启明女中的毕业照

一片沉郁肃穆的色彩，校园里的女学生一律穿着黑色背心的校服。女教师们则都穿着黑色的老式大裙子，戴着有点儿像护士帽那样的黑色帽子，她们并不是修女，身份比修女高级，学生们都叫她们"嬷嬷"，也称呼她们为"mother"。学校中也有很多修女，平时主要照顾学生们，大家都叫她们"sister"。嬷嬷们对学生的管理十分严格，学生全都被要求住在学校里面，只有星期天放半天假可以外出。男先生上课时，老修女们还要在外边监视。

刘彤华刚进入启明女中时，因为在之前的学习中并没有过多地接触过英语，而且英语学习也荒疏了几年，所以口语非常不好。一次上英文课，讲课的是院长嬷嬷，刘彤华因为没有听懂她的问话而一时回答不出来问题。院长嬷嬷便用轻蔑的态度冷冷地说了一句："连这么简单的问题也听不懂，根本就不应来这个学校念书。"她是当着全体同学的面用中文说的这句话。这让一贯在学习上受到夸赞，而从未受过批评的刘彤华感到莫大的羞耻。

院长嬷嬷的态度深深刺激了刘彤华的自尊心，却也激发了她的好胜心和斗志。此后，她每天都比别人起得早，在校园中读英文，练习口语；晚上比别人睡得晚，为的就是能背下更多的英语词汇。此外，她也特别注意自己的行为举止，以防嬷嬷们抓到她的过错。就这样，经过一学期的发奋努力，刘彤华的英语水平进步很快。到高三上学期，她的各项学业成绩都名列前茅，这让院长嬷嬷改变了对刘彤华的看法，态度和语气都变得和气了很多。

刘彤华良好的英语基础就是在那时打下的，这为日后她在工作和科研中阅读外文文献、开展中外交流提供了极大的帮助。

1947年暑假，经过几个星期的毕业考试，刘彤华完成了启明女中一年半的学业，顺利高中毕业。

在刘彤华的自传中，她曾以深情的笔触记录了小学、中学时代自己和姨妈的养子，也就是表哥李岳生交往的点滴往事。刘彤华说："表兄

1947 年，启明女中毕业全体女生合影
后排左二：刘彤华

是我童年时代亲爱的兄长和老师，在我印象中，他是一个很聪明、能写文章、读书又好的人，是学校里的好学生，家里的好孩子。"当时，姨妈家住在无锡郊外，为了读书方便，表哥就经常住在外祖父家中，刘彤华和表哥因此常常在一起学习、玩耍。刘彤华一家搬到上海后，表哥也来上海念初中，为了节省房租就住在刘彤华家里。因此，刘彤华的小学和中学时代，差不多都是和表哥在一起度过的，"他是我心目中敬佩的兄长，我像影子般跟着他，他做什么我也做什么。"

因为表哥书念得好，在他的影响下，从入学那天起，刘彤华就特别认真地对待功课。表哥对她不单是可亲的兄长，也是严厉的老师。有时候刘彤华在学习上有依赖性，面对一些较难的功课，一时解答不出就会习惯性地跑去请求表哥帮助，结果常常是挨表哥一顿批评："你这样子不动脑筋就依赖别人，等我去工作后看你怎么办！"生性要强的刘彤华在表哥的引导下，从小就培养了独立思考的能力。虽然有时她也常常羡慕那些在功课上碰到困难就有大哥大姐可以请教的同学，但最终还是会尽量自己想办法，动脑子解决问题。

表哥进入工厂参加工作后，开始接触进步的思想。1941年，他离家出走，赴苏北参加抗日革命，留下一大堆书籍让刘彤华替他保管，其中就有不少宣扬共产主义的书籍。尽管刘彤华当时还看不懂其中的内容，但她知道这些书籍对表哥有着重要的意义。然而令她心痛的是，在日军侵入上海租界后，谨小慎微的父亲怕日军搜查，命令家人将这些书籍全部烧毁了。当时，眼睁睁看着表哥托付给自己的书籍被付之一炬，刘彤华忍不住伤心地大哭了一场。

表哥去苏北后，开始几年还有音讯，但到1945年后音讯全无。直到1963年7月，表哥李岳生才与刘彤华的家人重新取得联系。在刘彤华的档案中，简单记录着他的一些情况：1942年参加革命，中华人民共和国成立后在解放军体育学院（广州）政治部工作，中校，后在《广州文艺》编辑部当编辑。

表哥给童年、少年时代的刘彤华留下了深刻的印象，在她的心里，表哥是除父母外，对她小时候影响最大的一个人。

青葱岁月憧憬医学梦想

刘彤华自幼体弱多病，所以在动荡日子里同家人四处逃难、坚持求学的同时，求医问药对她来说也是常事。刘彤华记得，一次她生病，有位中医给她背上贴了三副大膏药，结果后背被烫了三个大疤。所以，她从小就萌生了学医的念头，想做个医术精湛的好医生，给自己、给家人，也给别人治病。

当时，无锡有一位名叫徐世林的家庭医生，和父亲刘闰元是好友，常被请到家里为刘彤华诊治疾病。徐医生身材魁梧，鼻梁高高的，眼窝深深的，不仅医术好，态度也好，在当地很有名气。从小生病的体验以及徐医生偶像般的存在，都让天性善良的刘彤华对当医生生出了无限渴望。她认定医生治病救人，是个受人尊敬的职业，做医生可以凭自己的本领吃饭，所以女性要做到真正独立，做医生是最好的选择。1947年，刘彤华从启明女中毕业后，怀揣着对医学的向往，报考圣约翰大学医学院七年制临床医学专业。

圣约翰大学（St. John's University）诞生于1879年，是中国成立最早的一所教会大学，初名圣约翰书院。该学院是美国圣公会上海主教施约瑟（S.J.Sekoresehewsky）于19世纪末在上海开办的教会学校，由施约瑟将原来的两所圣公会学校（培雅书院和度恩书院）合并而成。1881年，学校开始完用英语授课，成为中国首个全英语授课的学校。1906年，圣约翰书院改名为圣约翰大学，不仅是中国第一所现代高等教会学府，也是在华办学时间最长的一所教会学校。

圣约翰大学享有"东方哈佛""外交人才的养成所"等盛名，培育了顾维钧、宋子文、严家淦、刘鸿生、林语堂、潘序伦、邹韬奋、荣毅仁、经叔平、贝聿铭、颜福庆、张爱玲、周有光等一大批声名显赫的校友，影响甚至改变了中国乃至世界近现代诸多领域的历史，成为中国教育史上的传奇。

早在1914年，美国宾夕法尼亚大学主办的广州宾夕法尼亚医学院与圣约翰大学医学部合并，成立了圣约翰大学宾夕法尼亚医学院，医科学制为7年，其中医预科2年、医科5年，这是当时中国仅有的两所授予医学博士学位的学校之一。学校课程与宾夕法尼亚大学医学院（美国第一家医学院）相同，且全部沿用英语教学，医院的实习查房、病历书写亦全部采用英语，因而在学业、语言方面与宾夕法尼亚大学医学院完全衔接，很多毕业生会赴美国接受住院医师培训并进一步深造。耶鲁大学、哈佛大学、哥伦比亚大学、康奈尔大学、芝加哥大学、密歇根大学、宾夕法尼亚大学、加利福尼亚大学等美国多所知名院校都承认圣约翰大学的学历与文凭，圣约翰大学毕业生可优先甚至免试进入这些名校的研究生院深造学习。

就在刘彤华考入圣约翰大学的那一年，也就是1947年，圣约翰大学向国民党政府备案，医学院正式命名为"圣约翰大学医学院"，倪葆春出任院长。由于圣约翰大学的毕业生拥有良好的声誉，所以尽管此时圣约翰大学与美国宾夕法尼亚大学的相关协议已经中断，但其医学专业在中国乃至世界的地位却并未撼动丝毫。

学者陈挥教授2012年5月4日发表在《健康报》的《近现代高等医学教育先驱的"上海样本"——圣约翰大学医学院的历史变迁》一文记载，圣约翰大学医科培养了一大批优秀的医学人才，头四班毕业生中就包括萧智吉、刁信德、颜福庆、李清茂、牛惠林、古恩康等上海名医。这批早期毕业生不仅具有扎实的基础知识和丰富的临床经验，而且在近代中国医学教育中发挥了重要的作用。

圣约翰大学医学院悠久的历史、雄厚的师资、浩瀚的书籍、多彩的生活都在向刘彤华招手，18岁的她憧憬着自己能在这所优秀的学府里通过勤奋学习成长为一名出色的临床医生。

对于女儿学医的选择，父亲刘闰元是开心的。尽管私立学校的学费要比公立学校昂贵，这意味着他需要更加努力地打拼，但只要女儿能受到良好的教育，成为一个有社会地位、受人尊敬的医生，他定会一如既往不遗余力地支持她。

圣约翰大学校训为"Light and Truth"（光明与真理）和"学而不思则罔，思而不学则殆"。后一句校训语出《论语·为政》，即学习而不思考，人会被书本知识的表象迷惑而受累，不得其解；思考而不学习，只是一味地埋头苦思，而不注意积累一定的书本知识和对所获得的知识进行研究、推敲，也只能流于空想，问题仍然得不到解决，终会一无所得。只有把学习和思考结合起来，才能学到有用的真知。

时隔七十载，刘彤华忆及圣约翰大学，依旧清晰地记得："学校在愚园路后边，离家有一点距离，不是很远。我平时住校，不过想回家也可以随时回，学校一般不管。校园很大，像一个漂亮的大花园。"在她的记忆里，校园里有一个钟楼、一所教堂、一座图书馆。钟楼边上圆穹形建筑后面是教室，教室前面有一个走廊，走廊外面还有一个门洞。操场周围是一栋栋或独立或连成片的有门洞的西式二层小洋楼，分别是理学院、工学院、医学院、文学院、新闻学院等，那情景与她看过的电视剧《柠檬初上》里展现的校园场景十分相像。尤其令刘彤华难忘的是，操场上有一棵粗壮得几个人都无法合抱的大树，树影打下来，婆娑朦胧，刘彤华常常和同学们坐在树下的草坪上开心地聊天。刘彤华有一张穿着旗袍坐在大树下长条椅上的照片，照片上的她娴静端庄，专注深邃的目光望向远方，蕴含着对未来美好的憧憬。

进入医学院学习的刘彤华全身心投入医学知识的海洋。学院设有必修课，也设有选修课，她总是想方设法利用好时间，让自己尽可能多学一些知识。她维持着宿舍 - 教室 - 图书馆三点一线的学习生活方式，在朗朗的英语阅读声中，在厚厚的病例书籍里，在齐齐的蝇头小楷上，在静静的校园路灯下，刘彤华度过了自己大学前期的青葱岁月。校园里那泛黄的书籍、实木的桌椅见证着她日复一日、年复一年埋头苦读的身影。

多年后，说到圣约翰大学医学院的老师，一位教病理的邓姓老师给刘彤华留下了深刻的印象："这位邓老师的病理课教得特别生动，同学们都愿意听他讲课。"只是当时坐在教室里一心想当临床医生的刘彤华，无论如何想不到自己会在未来的某一天，于冥冥之中走进邓老师曾向她描述的那个复杂深奥、神秘莫测的病理学领域，去完成属于自己的医学使命。

刘彤华在圣约翰大学医学院的成绩单上详细记载了她每学期的课时和成绩。可以看到，她的医学专业课，如解剖学、胚胎学、组织学、生物化学都是八九十分，而且国文、社会学、世界历史、物理、体育等成

刘彤华在圣约翰大学医学院的成绩单

绩也都非常优秀。在人才济济、学霸辈出的圣约翰大学，刘彤华受到了其他同学的敬佩以及各科教授的赏识。特别是医学英语的扎实掌握和熟练运用，为她今后攀向更高的医学舞台打下了坚实的基础。

在大学里，除了认真完成各门功课的学习，和以前刻板封闭的生活相比，刘彤华的学习生活变得更加丰富多彩和自由开放。她像是一只可以自由放飞天空的快乐小鸟。从小喜欢看电影、看戏剧的她说："能够随自己的高兴（以前每次看电影必得母亲同意），用家里给的零用钱和好朋友杜如孙、许杭一起去电影院看电影。别的人喜欢看歌舞片、武侠片，我们专挑文艺片看。"

怀着对新世界的无限向往，1949 年 5 月，刘彤华和同学们迎来了上海的解放。

中华人民共和国成立后，圣约翰大学医学院积极投入到社会主义医疗卫生事业的建设与发展之中，为人民群众的健康服务。1951 年底，华东军政委员会卫生部召开各院校负责人会议，决定于寒假期间集中开展治疗血吸虫病工作。随即，圣约翰大学医学院组建了一支由两百余人组成的防治大队。防治大队到达上海市松江县后，被分为 8 个小组，在地方医疗保健人员的协助下，前往不同地区开展工作。刘彤华所在的最高年级承担了学生医疗小分队领导小组的任务。在与农民们一起生活的两个月中，刘彤华和队友们共为近 3 000 名病人做了检查，给其中的一千多人进行了全程治疗，并利用空余时间热情地为老百姓讲授医疗卫生保健知识。

在学校里，刘彤华受同宿舍一些思想进步同学的影响，在埋头读书的同时，也开始关心政局时事的变化。下乡的两个月里，她真切地了解到百姓生活的现状，也充分体会到底层劳动人民对翻身得解放、建设新中国的渴盼和热望。1952 年 5 月，刘彤华认真填写了入团申请书，经同学许杭介绍，于当年 7 月 24 日，被正式批准加入共青团组织。

在时代变迁中结缘病理

1949 年后，随着形势的变化，圣约翰大学校方已获悉学校即将被撤销、合并，所以决定取消 1946 级和 1947 级学生 1950 年 7 月—1952 年 7 月的寒暑假，一年学完了三个学期的课程。1952 年夏，中央教育部高等学校院系调整方案下达至上海各高校。圣约翰大学停办时，这两级学生已经肄业等待临床实习。根据调整方案，圣约翰大学医学院与震旦大学医学院、同德医学院合并成立上海第二医学院（今上海交通大学医学院）。

而命运也在这时给刘彤华出了一道考题，心心念念想成为一名优秀临床医生的刘彤华必须面对人生中一次重大的抉择。

中华人民共和国成立初期，各行各业百废待兴，全国大部分地区医疗水平低下，医疗人才尤其是基础医学教学人才极度匮乏。据北京协和医学院高师班学员、著名病理学家刘彦仿[1]教授生前回忆，"中央人民政府根据国内基础医学师资严重匮乏的状况，委托在旧中国早已成名的学者在不同院校举办不同专业的师资培训班。当时卫生部由徐诵明[2]负责培训管理，徐诵明是中国第一位经过科学培养的病理学家，中华人民共和国成立前曾任北平大学医学院院长，培训计划可能就是由他提出来的。"

承担病理师资培训的是中国第一代的病理学家，有胡正详（北京协和医学院）[3]、梁伯强（中山大学医学院）[4]、谷镜汧（上海医学院）[5]、林振纲（北京医学院）[6]、吴在东（南京大学医学院）[7]等。这些病理界的老前辈都分别举办过数届病理学师资培训班，培养了一大批年轻的病理医师，解决了当时病理学师资奇缺的燃眉之急。

在这样的时代大背景下，1952年，刚刚完成七年制临床医学课程中四年基础医学学习的刘彤华和同学们，接到了一份政府调令：医学院毕业生在完成前期的临床医学基础课程后，不再进入临床阶段的学习，

1　刘彦仿（1924—2021），山东海阳人，中国人民解放军空军军医大学（第四军医大学）一级教授、博士生导师。北京协和医学院病理系高师班学员。曾任中华医学会病理学分会常委、《中华病理学杂志》副主编、总后勤部医学科学委员会常委等职。

2　徐诵明（1890—1991），浙江绍兴人，教育家和病理学家，中国现代高等教育和现代医学教育的先驱，中国病理学的开创者和奠基人之一。

3　胡正详（1896—1968），江苏无锡人，著名病理学家，中国病理学奠基人之一。

4　梁伯强（1899—1968），广东梅县人，著名病理学家，中国病理学奠基人之一。

5　谷镜汧（1896—1968），浙江余姚人，著名病理学家，九三学社成员。

6　林振纲（1900—1976），浙江绍兴人，著名病理学家，曾任北京医学院教授、基础医学部主任等。

7　吴在东（1905—1983），福建龙岩人，著名病理学家，放射病理学创始人，中国军事病理学和防原医学研究奠基人之一。

而是直接前往全国其他的医学院校进行支教工作或参加由各大医院举办的以培养高层次教育人员为目的的高级师资培训班（高师班）。并且，按照当时的规定，所有医学生都只能报名参加基础医学的课程培训，这意味着他们将失去成为一名临床医生的可能。

尽管刘彤华内心是那样渴望能留在上海做一名临床医生，但面对上级的规定，面对国家的需要，内心经过一番激烈的斗争，她坦然接受了命运的安排。

那么，在众多的基础医学学科中，例如寄生虫、胚胎、组织、解剖、生理、病理、生物等，该选择哪个作为自己的专业呢？她和自己的好友，同时也是高中、大学的同学杜如孙，两人思前想后，最后共同选中了病理。在刘彤华看来，作为基础医学与临床医学的桥梁学科，病理学负责患者疾病的最终诊断，无疑是一门离临床最近的学科。

当时，刘彤华认为自己的能力还很欠缺，不能胜任医学院校的支教工作，还需要更多地学习、积累，于是她把目光投到了各大医院举办的高级师资培训班上。恰在此时，一则关于北京协和医学院病理学系胡正详教授举办病理学高级师资培训班的消息吸引了她的目光。

当时医学界有一个关于病理学界权威人物的概括说法，叫"南梁北胡"，前者是指广东的梁伯强教授，后者就是北京协和医学院的胡正详教授。

刘彤华眼前一亮，与好友杜如孙一拍即合，共同决定报名参加北京协和医学院的病理学高师班。她知道协和有权威的专家、严格的医学教育体系，她可以在这座神圣的医学殿堂里学到造福患者的知识和技能。

多年后，当刘彤华得知当年班里有很多"脑子比较灵光"的同学，其实并没有按照规定填报基础学科的培训，而是照样选择临床学科培训，并且最终如愿留在了上海的各大医院，她会笑着自嘲说当年的自己"傻"。但也正是这份单纯憨憨的"傻"，不仅开启了她日后长达六十

1952 年，离开上海圣约翰大学前全班女同学合影
第二排右四：刘彤华

余载的病理学绚烂人生，而且让她一路在病理领域里做到了极致。而对于后来的中国病理学界乃至医学界而言，这次选择也有着至关重要的历史性意义——中国临床病理学界因此诞生了第一位中国工程院院士，而且她的杰出努力引领了一个时代的中国病理学事业的发展。

20 世纪 50 年代初，从圣约翰大学医学院走出了众多卓有成绩的医学大家。他们当中有重庆医科大学著名病理学家钱韵兰教授、北京协和医院核医学科周前教授、中国医学科学院肿瘤医院头颈外科屠规益教授、北京协和医院变态反应科叶世泰教授，等等。

1952 年 9 月，刘彤华离开圣约翰大学前留影

中华人民共和国成立后，圣约翰大学被改造成一所工商学校（后变为今华东政法大学）。在毕业后漫长的岁月里，刘彤华曾应圣约翰校友会的邀请回过母校一次，那也是她毕业后唯一一次重返母校。

对于长女离家北上，刘彤华父母是不舍的，但家里人还是一如既往地给予她理解和支持。1948 年父亲刘闰元就因经营不善破产了，三年来家庭经济状况日益困窘，就靠以往的积蓄以及典当家中物件度日，好强的父亲已经没有能力再继续供她念书了。此时，家里也需要她能有一份工作来养家。

1952 年 9 月，刘彤华告别了父母弟妹，告别了母校，也告别了养育了自己 23 年的江南水乡，拎着行李，踏上了北上的列车。

第二章

京师名门探病理

作为最后的"权威宣判者",病理医生受到临床医生发自内心的佩服和尊重。病理学家严庆汉教授曾回忆说:"当年胡正详主任从走廊里走过,临床大夫都会给他鞠躬。"

对于从小在江南长大的刘彤华来说，京城的一切都是新奇和陌生的。

北京协和医学院位于北京天安门东侧，原为豫王府，1916年起被改建为一处融折中主义和复古主义于一体的砖木结构医院建筑群，有"中国式宫殿里的西方医学学府"之称。从1917年洛克菲勒基金会创建北京协和医学院至今，这所学院已走过一百多年的历程，为中国医学界培养了众多精英和泰斗。

1952年9月29日，刘彤华看到这所绿色琉璃瓦和汉白玉围栏构筑的著名医学高等学府的第一眼，就感到一股静谧、端庄、厚重的气息扑面而来，一种神圣感油然而生。怀揣着对胡正详教授的敬仰以及对未知的一丝不安，她带着好奇的目光小心翼翼地走进了协和医学院的大门。

老协和的病理系

现在执业界牛耳的北京协和医院病理科，其前身是北平协和医学院（Peking Union Medical College，简称老协和）病理系。病理系成立于20世纪初期，是北京协和医学院建立最早的学系之一，也是我国成立较早的病理学机构。

协和病理系的踪迹最早可以追溯到20世纪初叶华北协和教育会创办的协和医学堂时期。1906年协和医学堂开办时，病理学即被纳入首批课程。1916年，协和医学堂签发了第一份尸检报告和第一份病理活检报告。1917年，北京协和医学院举行奠基仪式，协和自办医学预科开始招生。米尔斯（Ralph Garfield Mills）、钱雅各（James R.Cash）等国际著名病理学家在此工作，先后担任病理系主任。1918年，老协和病理系被分为三个部门（也称三个科室），分别为病理学组、微生物学组、寄生虫学组。

协和医学院的临床前期（基础学科）各系位于协和礼堂对面，即医学院南门的3座楼以及9号楼。南门自西向东的3座楼分别为解剖组胚、生化和生理学系。病理系的病理学组位于 9 号楼 3 层以及地窖子（地下室），微生物学组、寄生虫学组则分别位于 9 号楼 2 层和 1 层。

1921 年北京协和医院（北京协和医学院临床部）建院后，医院没有病理科，病理业务由协和医学院病理系兼管。1925 年，细菌和血清学实验室被移交给病理系，病理系的人员逐渐增多，显微镜等设备也日渐完善。1928 年 4 月钱雅各回美国后，病理系主任由华裔微生物学家林宗扬代理。不久，胡正详就成为病理系的第三位主任，也是第一任中国籍病理系主任。

胡正详出身于江苏无锡一个大家族。1916 年考入位于上海的中国哈佛医学校，因学习成绩优异，获得中华医学基金会奖学金，翌年转入美国哈佛大学医学院学习。1921 年，胡正详毕业，获博士学位，先在美国波士顿市立医院做了半年的实习医生，后在波士顿麻省总医院病理科随著名的病理学家弗兰克·布尔·马洛里（Frank Burr Mallory，1862—1941）从事病理研究，因工作出色，很受马洛里教授的器重。

1924 年，胡正详放弃了在美国工作生活的机会，来到北京协和医学院病理系从事教学和科研工作以报效祖国。他先是担任助教，1925 年晋升为高年讲师，不久后成为北京协和医学院第一任中国籍病理系主任兼教务长。1932 年，胡正详赴德国，在病理学家阿少夫教授的实验室工作了一年，对黑热病做了大量深入研究，并在黑热病的传播媒介、途径（白蛉子传播杜氏利什曼原虫）以及对人体的损害等方面有了诸多新的发现并提出了新的见解。回国后，胡正详大力推动中国病理学科的发展，有感于中国基础医学，尤其是病理学人才的缺乏，他把培养合格的病理人才当作重中之重。

据北京协和医院病理科原主任王德修[1]教授记述，老协和医学院病

---

1   王德修（1920—1985），北京人，中国著名病理学家、教育家，曾先后在中国
     协和医科大学病理教研组和首都医院（即现今的北京协和医院）病理科主持教
     研工作。1974—1985 年任首都医院（今北京协和医院）病理科主任。

理系有着完善的组织框架和严格的教学体系。病理系主任下设秘书（或称事务员）一至三人，负责主任的一切事务，如向科内人员传达主任指示，借、还图书，领购物品仪器，接电话，处理来往信件，尸检、外检报告打字，档案保管等。

病理系下的病理科一般由医师、秘书及技术人员三部分人员组成，设主任一人（无副主任），下有副教授、讲师及助教等。病理科医师不多，却担负着北京协和医院的尸体解剖（简称"尸检"）、外科标本检查（简称"外检"）、科研及教学工作（包括对医学生、进修生、护士生等的病理课教学任务）。病理科技术人员中设组长一人，负责技术室的工作及担任行政领导，兼做外检索引（尸检索引由医师做）及接收外检标本等。

为了进行科学研究，病理系主任会专设实验室负责科研工作。其他一些科室，如神经科、眼科、妇产科等，为了进行各自的病理标本检查及科研工作，也会在病理科设立病理实验室，标本由相关科室的医生检查后发报告，他们的病理标本和病理科的标本统一编号后，装订成册进行集中保管。

病理系实行主任负责制，一切较大的事，都要请示主任。关于科内人员的任用，技术人员经主任签字后即可录用；医师则要先由主任提名，经校务会议通过后方可录用或提升。如聘用期满两个月前接不到续聘书，则是自动解聘了。科里的各项工作，如病理诊断、科研的设置与进行、教学计划的安排等，也都由主任作最后决定。

胡正详主任治学严谨，工作上不允许有丝毫马虎。王德修记得，有一次，一位助教所作的一例尸检大标本观察不仔细，胡正详主任就让这位助教于次日（正是春节大年初一）早晨8点来科里和他一起重新检查，态度十分严厉。还有一次，因为一张切片制作质量很差，平时温和的他一怒之下，把玻片摔得粉碎。胡正详主任对各项工作的严格要求，使全科工作人员无不对之有敬畏之感。

走进高师班

1951年，北京协和医学院、北京协和医院收归国有，由教育部和卫生部接管，军委建制。胡正详担任北京协和医学院教授兼病理系主任。

中华人民共和国成立初期，全国从事病理学教学的只有五十余人，可谓人才奇缺。胡正详开始积极筹措建立病理师资班，向各大医学院校输送病理人才。当时正值抗美援朝期间，北京协和医学院也承担了为军队培养军医干部的任务。在胡正详的主持下，北京协和医学院先后开办了8期病理高、中级师资培训班。

高师班是冲着主任方向培养人才的，生源基础要求比较高。第一期高师班里的很多学员，如当时天津医学院的王德衍（外科副教授）、谭郁彬（高年讲师）都被抽调来进修学习，回去后都承担着建设医学院病理系的重任。可以说，全国大多数医院的病理科主任都是在协和学习培训后成长起来的，协和病理系也成为中国病理人才的摇篮，无论是对地方还是对军队病理人才队伍的建设，都起到了奠基性的作用。

高师班的学制为一年，刘彤华所在的第二期高师班有10～12个学生。当刘彤华和大学同学杜如孙、夏求洁等一起走进高师班的时候，病理系除了胡正详教授外，还有刘永教授[1]、王德修讲师，佘铭鹏[2]、臧旭[3]、张卿

1　刘永（1912—1986），江苏靖江人，中国著名病理学家，医学教育家，中国病理生理学会及《病理生理学报》创始人之一。
2　佘铭鹏（1924—2011），广东珠海人，中国著名病理学家，胡正详教授的大弟子。曾任中华医学会病理学分会主任委员、国际病理学会中国部主席、《中华医学杂志》副总编等。
3　臧旭（1923—1997），河北顺平人，中国著名病理学家，胡正详第一批高师班学员之一。

1952 年，北京协和医学院病理系高师班师生合影
前排右二：胡正详；前排右三：刘永；中排右三：刘彤华；
中排右二：杜如孙；中排右一：夏求洁；后排左一：张卿西。

西 [1] 等数名助教，以及 10 位左右的技术员，他们都是高师班的师资。

在刘彤华的记忆中，病理系所在的 9 号楼 3 层，南北两头是两间大屋，北大屋是病理科的切片室，也用于存放病理标本档案；南大屋是会议室，也是高师班第一期学员上课的教室。胡正详教授的办公室在 3 层靠南的一间不大的房间里，刘永教授的办公室则在北侧，旁边紧挨着楼梯。当时的协和老楼里没有电梯，大家上下楼常走的就是这个楼梯。

随着病理师资班办学的增多，病理系用房日趋紧张，刘彤华所在的第二期高师班教室只能被安置在 9 号楼和 10 号楼之间的过道上。过道里搭了一些隔断式的简易屋子，里面摆了十余张两屉桌，那里就成为刘彤华和同学们上课学习的地方。

---

1 张卿西（1926—1998），福建闽清人，放射医学与病理生理学家，1956 年与刘彤华结为夫妻。

第一眼见到胡正详教授，刘彤华眼前一亮。正如她之前想象的那样，穿着西装、打着领带的胡教授仪表肃然，全身上下透着儒雅、认真、严谨的学者气质。因为患有高血压，胡正详教授的一只眼睛近乎失明，但这丝毫不影响他每天坚持看片、工作。

在刘彤华踏入协和大门与胡正详教授相遇的那一刻，她或许还没意识到，在未来的十余年里，她要完成来自眼前这位温和长者最严苛的病理学培训，在协和这座神圣的医学殿堂里完成羽化成蝶的蜕变，把前辈们开创的病理学事业经由她的手推向新的高峰。

不会做尸检，叫什么病理医生

老协和病理科的常规工作包括尸检和外检（活体组织检查）。这两项工作是病理科培养年轻医师最基本的手段。病理科每天都会收到较多的医院送检的外检标本，还有一些是外院的会诊标本。据王德修教授统计，自开始接收外检到1942年1月北京协和医院因太平洋战争爆发关门，病理科共收外检 60 535 例。病理科主任会把每天收到的外检标本分配给新来的或年轻的医师进行初步检验，凡不能确诊的病例再送交高年医师或主任确诊。

一位青年医师初到病理科的第二天，就有可能被安排进行外检初诊工作。如何观察标本组织及其切片，如何描写显微镜下之所见，如何进行诊断，都要自己摸索着进行。

提起尸检，外行人都觉得很"可怕"，但这对医学生，尤其是病理学专业学生的培养是必不可少的。据王德修教授统计，自1916年3月28日至1942年1月22日，协和病理科共完成了 3 673 例尸检。一位年轻医师初进病理科，先由高年医师带着做一两次尸检后，就得独立开展尸检。做尸检的方法虽有常规，但具体到每例，方法均有所不同，如何做好观察、描写（一个标本要观察其大小、形状、颜色、硬度、质地等，把所观察到的按一定的次序写下来，称为"描写"），对新来的年轻人而言，困难是很大的。

王德修教授记得自己做的第一例尸检是结核性腹膜炎，有广泛的纤维性粘连（即两个或几个组织由于发炎，产生了胶原纤维，把组织粘连到一起了，如胸膜纤维性粘连、肠与腹膜的粘连等），尸检中他只找到一个肾脏，而自己并未发觉。报告拿到尸检讨论会上讨论时，被胡正详主任发现了，胡正详风趣地对他说："呵呵，你这个尸检很有意思，只长了一个肾脏！"之后，胡正详主任从一个大的粘连包块中分离出了另一个肾脏。

北京协和医院开展尸检工作是历经了一个过程的。医院初开院时，尸检并不频繁。据王德修教授统计，自 1916 年 3 月 28 日做第一例尸检开始，到 1925 年 12 月 29 日的 10 年中，仅做了 352 例尸检，平均每年只有三十余例。1923 年，美国哈佛医学院病理系主任康斯尔曼（其发现了黄热病患者肝细胞变性后形成的小体，因此该小体命名为康斯尔曼体）作为客座教授来到协和病理系，发现尸检数目太少，极不利于科学研究和临床医师及病理医师的培养。他指出："由于人们对尸检的无知和错误的理解，致使我们的尸检工作很不理想。假若能使人们认识到，尸检的主要目的是把临床所见与病理改变相对照，我们的困难就会少得多……假如我们想培养出好的临床医师，我们必须做更多的尸检。"他的话引起了协和对尸检的重视。

1938 年至 1939 年，著名胸外科专家吴英恺当时是北京协和医院的一名总住院医师，他在《话说老协和》一书中回忆说："那些年代，医院尸检多，一天常有两三例。一有尸检，全院各处的找人灯号都打出'444'，看到这个灯号，我就尽量去看尸检，不管是哪科的病人，看了尸检总有许多收获。"

尸检对医学教学以及临床和病理实践极为重要，胡正详教授因此对尸检非常重视。在他看来，开展尸体病理解剖是促进医学科学发展的重要方法之一。一方面，通过对尸体的病理解剖，可观察各大器官的病理变化，找出其主要病症、判断死亡原因，从而验证临床诊断和治疗措施的正确性与合理性，进而总结经验，提高医疗水平；另一方面，还能积累教学及科学研究资料，发现传染病和新的疾病。病理尸检是理论联系实际、全面认识疾病的良好学习方法，一个人几十年培养出一个病的模型来给你检查，这比动物实验更直接，也更珍贵。

做尸检，胡正详教授常常以身作则，亲自下手去解剖尸体。有些医生胆小，做尸检时担心被传染，犹豫着不敢上，胡正详就会说："这有什么嘛！"一边做，还一边拿起肠子闻，给大家做示范。

老技术员路英杰在北京协和医院病理科工作了三十余年。1951年的一天，借住在京城亲戚家里的他，从一位在协和医院人事部门工作的邻居那里打听到协和病理科招工的消息。这个邻居平素和路英杰聊天时总向他夸耀协和如何如何好，"人家那地面都是用肥皂水刷，比咱这儿窗户都干净……"闻知招工信息的路英杰一下子就动了心，高中还没毕业、不到18岁的他兴冲冲地跑到协和病理科去应试。

时隔多年，路英杰仍然清晰地记得当年胡正详教授亲自对他面试的情景。

"你身体行吗？"胡教授问。当时的路英杰又黑又壮，他立刻答说："行！""那你怕死人不怕？""我什么都不怕，在坟圈里睡觉都没事。"胡正详听了特别高兴，说："行了，明天你就来上班！"后来病理科里就流传一句话，"小路什么都不怕！"

刘彤华来协和高师班学习时，科里主要由路英杰和贾俊山两位技术员做尸检。她记得9号楼地下室的尸检室有三间屋子，一进去正面屋子看到的是一个半圆形的尸检台，两边的屋子像耳房，一边安放有两个尸检台，另一边立着一个大的蒸汽锅，用于消毒衣物等。尸检室外过道对面的屋子是标本存放室，里面陈列着一个个装有福尔马林液体和尸检标本的玻璃缸。

刘彤华第一次走进尸检室，那股刺激难闻的味道使她下意识用手捂了一下鼻子，这个动作让路英杰看到后，很不客气地把她训了一通："你进来干吗？以后就别来了！"自那以后，谁进尸检室都不敢捂鼻子了。而刘彤华也用理性逐渐克服了感官的种种不适，她告诉自己，"尸检关必须过，不会做尸检，叫什么病理医生。"

刘彤华在医学院上过解剖课，但解剖课与尸检还是有所不同。解剖是在病变部位一点点取出病变组织，而尸检则要求对整个尸体进行解剖，以取出脏器。当时尸检分为德国派和美国派，德国派的做法是尸检时把脏器整体全部拿出；美国派则是一块块地取，先取肝，再取脾、肺、心脏等，老协和的尸检属于美国派。

脏器取出后，一般要先做固定，然后再做切片检查，标本还要进行描写。刘彤华回忆，路英杰和贾俊山两位技术员特别能干，高师班学员尸检方面的学习主要就是由他们两个技术员给予指导。

路英杰在协和病理科工作了三十余年，参加的尸体解剖有近3 000例。他初到协和病理科那段时间也是协和尸检量最多的时候，每个月有60 ~ 100例，有的月份甚至更多。当时，东单三条儿童医院距协和医院不远，遇到传染病，尤其是麻疹暴发流行时，五六个孩子同时过世，这些孩子死后被放在三轮车上，集中送到协和病理科进行尸检。当时，路英杰他们一天要做五六个，甚至六七个尸检，常常忙得做不过来。

为了增加尸检的数量，协和医院曾想出了很多行之有效的办法。王德修教授回忆，当时协和外科医师刘瑞恒[1]考虑到国内有"入土为安"的传统观念，便建议用赠送棺材的方法来增加尸检数量。所以，有一个时期，北京协和医院对预后不佳的病人会赠给一口棺材，并放在病人的病床旁边，如病人对这口棺材满意，家属才同意病人死后进行尸检。其

1　刘瑞恒（1890—1961），河北南宫人，我国著名医学家，中国创伤医学的奠基人之一，中国近代公共卫生事业创建者。

间还闹出了不少乌龙，譬如护士夜间巡诊时正好赶上患者在检查棺材，双方都吓了一跳。

当时，老协和还有一个规定，患者因特殊的疑难病去世，家属如果同意做尸检，医院就会免去死者生前的一切住院费用。此外，协和还设有社会服务部（Social Service），穷人没有钱看病，可以先收住院，为患者减免医疗费用，但需要患者事先签署一个如果不幸病逝后同意做尸检的协议。

后来，随着协和医院在社会上的威望日增，在协和医院住院治疗已非易事。于是，凡住院病人，无论什么病，住院手续中有一项就是要求家属签署病人死后尸检书。这样，病人去世后进行尸检，就无须再征求家属同意了。

刘彤华和高师班同学们在完成尸检操作学习后还要参加全科的尸检讨论会。当时但凡新做的尸检病例，都要拿到会上去讨论。讨论会一般先由主验医师报告临床病史摘要、大体及镜下所见、最后尸检病理诊断等，并分析死亡原因。报告后，全体医师进行讨论，最后由胡正详主任修改诊断，批准发报告。若遇复杂病例，还要在会后进行再切片、做特殊染色、查书等工作，结果要在下一次会议上进行讨论。报告由秘书打印三份，两份送病案室（其中一份入死者病历，一份存档），一份由病理科存档（一般累积到 50 ～ 100 份时装订成册备查）。

当时，以尸检为基础的病理医疗、教学、科研工作不仅在北京协和医院内部开展，胡正详教授还亲力亲为，承担了很多国家需要的院外病理尸检研究工作，如抗美援朝反细菌战以及"大跃进"期间江西钨矿矽肺患者调查研究等。

中华人民共和国成立后，傅连暲[1] 担任中央人民政府人民革命军事

1 　傅连暲（1894—1968），福建长汀人，医学家。中国人民解放军和中华人民共和国医疗卫生事业的奠基人、创始人之一。

委员会总后方勤务部卫生部副部长，他对尸检工作极为重视，也大力支持。那个时期，全国性尸检的开展呈现出良好的势头。作为病理学家，胡正详教授带头倡导遗体捐献，他的遗嘱就是死后做病理尸检。当时，协和医院的一大批老教授联名签署了死后捐献遗体做尸检的倡议书。

刘彤华的病理人生就是从那个味道难闻的尸检室起步的。在以后数十年漫长的病理生涯中，刘彤华始终强调尸检的重要性。她在《诊断病理学》一书中对病理学发展历史进行溯源时指出，病理学作为一门科学正是从尸检开始的。18世纪中期，意大利解剖学家乔凡尼·巴蒂斯塔·莫尔加尼（Giovanne Battista Morgagni，1682—1771）将他一生中所经历的约700例精心解剖的尸检的各器官所见与临床表现相联系，并进行记录、整理，于1761年著成《疾病的位置与原因》一书，此书为病理解剖学的确立与发展奠定了基础。以后许多学者将尸检所见与临床表现相联系，相继发现了许多疾病的临床和形态特点，大大丰富了病理学的内容……这样的器官病理学到19世纪卡尔·冯·罗基塔尼（Karl von Rokitansky，1800—1878）时代达到了顶峰。罗基塔尼亲自解剖了约3万例尸体，并且掌握了约6万例尸检的材料，详细描述了人体各器官的各种病变，从而极大地丰富了病理学宝库。

尸检不仅可以证实或纠正临床诊断，更是发现新病变的重要手段。遗憾的是，20世纪90年代以后，国内尸检率显著下降。目前除个别大医院外，多数医学院校尸检率都已降至很低水平，即便是北京协和医院，每月能有一两例也已经非常不错了。

刘彤华认为，没有尸检，对医学发展来说无疑是一个倒退。"人是一个整体，做尸检很大程度上就会知道他整个身体哪些地方有问题，这些病中间有什么关联，这些病变是如何一步步发展到今天这个地步的，这些了解，仅仅靠局部的活检还不足以说明问题。"

她曾撰文对尸检率下降原因进行了细致的分析："尸检率的下降究其原因是死者家属、临床医生和病理医生都厌恶尸检。家属是不愿看到死者被人切开检查，临床医生怕一旦尸检结果与临床诊断不符会引火烧身（家属要打官司），而病理医生则怕在操作过程中家属使用暴力，以及万一有医疗纠纷会有处理不完的麻烦。欧美各国目前也面临尸检率下降的问题。许多学者想了许多办法替代传统完整的尸检，提出采用'有限'尸检，如用针吸取尸体各器官组织、腹腔或胸腔镜尸检、血管造影下尸检、磁共振成像下尸检等，亦有提出超声尸检，即在超声下对不同器官应用不同穿刺针取得组织的。所有以上种种，所谓有限尸检，均与传统尸检不能比，不仅许多病变不能检出，经常对死亡原因亦不能作出正确诊断。"[1]

座无虚席的临床病理讨论会

在高师班学习期间，除了尸检讨论，刘彤华和同学们还要参加科里定期举行的疑难外检讨论会、文献报告会、临床病理讨论会等。

据王德修教授回忆，需要提交讨论的疑难外检病例主要来自常规外检，少数来自会诊标本。虽然讨论的主要内容是诊断，但一切与病例有关的问题，如治疗、发病机制、死亡原因等也都可以提出讨论。在讨论会上，人人可以发言，胡正详主任特别欢迎年轻人提出与他不同的意见。

有一次讨论一位中年妇女的子宫内膜切片，胡正详认为是早期肿瘤，有的年轻人则认为不一定是肿瘤，可能是高度增生，建议临床治疗一个时期后再采一次标本看看，如直接诊断为癌，临床上就要进行子宫切除。胡正详听了，说："把这个切片留给我再看看，查查文献。"不久，他就同意了年轻人的意见。这种民主的学术作风、严谨的治学态度，对年轻人影响甚大。

文献报告会一般是每月召开一次，形式比较灵活，可以是文献复习，

<hr/>

1　引自《国内诊断病理发展的机遇与挑战》一文（《中华病理学杂志》2005年8月）。

详细报告一篇文章，也可简要地报告一本近期病理期刊中各篇文章的主要内容。有时报告完了还会进行简短的讨论。但是有一点，从胡正详主任到新来科的年轻医师，人人都要进行报告。报告会多是晚上在胡正详主任办公室内举行，偶尔也会在主任家中举行，会后胡主任还常常以美味的夜宵招待大家。

病人过世后被送到病理科做尸检，他在临床上是什么症状，尸检结果是否符合临床诊断，或者说临床诊断是否符合最后确诊的病因，围绕这个话题所做的讨论就是临床病理讨论会。在病理教学中，科里每两周举办一次的学生临床病理讨论会特别受师生重视。

讨论前，教师会发给学生一例尸检的病史摘要，由学生分析诊断，写成分析报告，再由临床教师评阅，并指定一人在会上作临床部分讨论发言。病理教师也会预先指定一人，观察有关尸检的大体标本及病理切片，开会时在临床部分讨论完结后做病理部分的发言。最后，大家讨论或提问，由教师解答，并指出讨论中的优缺点。胡正详主任经常亲自和学生们一起准备临床病理讨论会，并在这个过程中训练学生独立思考、自由讨论的能力。他严格要求学生一定要独立准备，不允许他们私自查阅病历中的病理资料，不允许带教老师向学生"泄露天机"。有一次，一位主治医师把一些病理资料泄露给了学生，胡正详发现后非常严厉地批评了这位医师，并说："你如果再这么做，以后就不要来参加 CPC 教学[1]。"

如果说科里的临床病理讨论是练兵，那么参加全院范围内每月举行一次的临床病理讨论，则是激动人心的实战。全院临床病理讨论会通常是从尸检病例中选择一个在发病机制、诊断、治疗等方面较疑难的例子，由病理科提出后将病历摘要发给临床医师，然后进行全院讨论，最后由

---

[1] 临床病理讨论会又叫 CPC 教学（clinical pathological conference），是以临床医学中的病例为核心，将疾病的形态变化与病理学理论知识有机结合，通过案例讨论的方法完成临床实践的学习，并将讨论的结果灵活地运用到实践过程中。

病理医师报告尸检结果，并解答临床问题。

对临床医师来说，很多疾病在病人生前不一定诊断得出来，真正的致死原因往往要经过尸检才能知道。病人生前的诊断与死后的尸检结果是否符合，在一定程度上也能说明诊断医生的水平如何。因此，每次开全院临床病理讨论会，临床各科及基础科系的医师都会踊跃参加，尤其是临床医师，没有一个不想知道他诊断治疗的病人的死因是否与尸检结果相符。

临床病理讨论会虽然主要是为临床医师设置的，但病理科医师必须做好十分充分的准备，随时准备答复临床医师们的各种提问。因而病理科医师除了需要十分详细地检查标本，还必须先查阅足够的书籍和文献。

临床病理讨论会在协和老楼 10 号楼 223 阶梯教室举办时，常常是座无虚席。通常先由临床医师介绍某个病例的病情、病史以及诊断、分析。刘彤华清楚记得，当时大内科主任张孝骞教授[1]站在台上做病情分析，下面黑压压坐着一大片来自各科的医生，聚精会神专注聆听。等临床医生讲完了，病理医生就会在众人的瞩目下闪亮登场，把尸检或外检的材料拿出来，做一番细致的讨论分析，之后便开始揭晓最后的结果。那情形就像是警探当众揭开一宗悬案的谜底，那一刻，也是病理人最感自豪的时刻。作为最后的"权威宣判者"，病理医生受到临床医生发自内心的佩服和尊重。病理学家严庆汉教授[2]曾回忆说："当年胡正详主任从走廊里走过，临床大夫都会给他鞠躬。"

那时候，刘彤华他们这些学生、助教还没有资格上台去揭晓谜底，她和其他同学经常要做的工作就是准备好病理标本、报告等资料，将它们用推车送到 10 号楼 223 阶梯教室旁边的一个屋子里，以备教授们报告讨论时随时取用。

1　张孝骞（1897—1987），湖南长沙人，著名内科学家，我国胃肠病学创始人，曾任北京协和医院内科学系主任。

2　严庆汉（1936—2018），江苏苏州人，著名病理学家，九三学社中央委员，曾任北京铁路总医院（2005 年改称北京世纪坛医院）病理科主任。

临床病理讨论不仅在医院内部举办，每月协和医院还在全北京市范围内组织一次临床病理讨论。每次讨论会举办时，能容纳350人的协和礼堂都会被挤爆。当时医院还围绕临床病理讨论出了两本专辑，非常受欢迎。

不仅是开临床病理讨论会，遇到内外科大查房，刘彤华他们这些年轻的病理人也都被要求跟着去听，去学习。如果患者做了病理，他们还要推着装有标本资料的小车前去。医院病房外有宽宽的走廊，在专家查房时，放着资料的小车就搁在走廊里，一旦有需要，他们就负责把病理资料拿出来，随时供专家们查房讨论。

刘彤华回忆，胡正详教授特别看重作为基础学科的病理学和临床的结合。他认为，病理就是病的道理。病理学是一个将基础和临床紧密连接在一起的"桥梁"。因此，在对年轻人培养过程中，胡正详教授不仅要求学生要严格地学习与病理密切关联的生化、免疫等基础课，同时坚持要求病理医生要和临床医生一起查房。

北京协和医院早在20世纪20年代就开始实行每周例行内科大查房，包括病理科在内的各个相关科室都要参加。刘彤华刚到协和时就看到过一张给她留下深刻印象的漫画——老协和的大查房。那张由北京协和医学院1940级学生林俊卿所绘的幽默漫画，生动有趣地描绘了当时协和医院内科大查房的场面，几乎医院各科的主任都被画了进去，令人看后忍俊不禁。

不仅是胡正详教授这样的病理学家重视临床，协和的内外科临床大专家也非常重视病理，甚至老协和的建筑布局也体现出这样的亲近感。在协和老楼9号楼、10号楼3层之间有一个便捷的通道，10号楼3层是临床的内科、外科，楼梯一上去就是手术室。刘彤华清楚地记得，外科的曾宪九教授[1]经常穿着手术衣，拿着标本下楼一拐就进到病理科，说

---

1 曾宪九（1914—1985），湖北武昌人，中国现代基本外科奠基人，胰腺外科学界泰斗，曾任北京协和医院外科主任。

漫画《老协和的大查房》

1 朱宪彝（内科） 2 刘士豪（内科） 3 李洪迥（皮肤科） 4 Chester North Frazier（切斯特·傅瑞思）（皮肤科） 5 郁采蘩（内科） 6 Isidore Snapper（斯乃博）（内科） 7 诸福棠（儿科） 8 Irvine McQuarrie（麦考里）（儿科） 9 谢志光（放射科） 10 Theron S.Hill（希尔）（神经精神科） 11 许雨阶（寄生虫科） 12 董承琅（内科） 13 钟惠澜（内科） 14 张光璧（内科） 15 美籍护士长 16 魏毓麟（神经精神科） 17 许建良（放射科） 18 王叔咸（内科） 19 范权（儿科） 20 王季午（内科） 21 W.H.Graham Aspland（格雷厄姆·阿斯布兰德）（英国医师） 22 卞万年（内科） 23 邓家栋（内科） 24 秦光煜（病理科） 25 黄祯祥（病毒科）

"给我打开看看"；而内科的陈敏章教授[1]也常常会到9号楼3层病理科，像进自己的办公室一样推门就进，毫无隔阂地和病理医生开心地交流。

　　协和医院有规定，所有的临床医生都要来病理科学习一年。著名感染病学专家王爱霞、外科专家吴蔚然等都在病理科学习进修过。一个临床医生懂了病理再做临床，应对很多疾病都会更加得心应手，这个传统

1　陈敏章（1931—1999），浙江杭州人，北京协和医院内科教授，国内开展内窥镜领军人物。曾任原卫生部部长、中华医学会会长。

也一直在协和保留了下来。

1948年，王泰龄[1]从北京医学院来协和医院实习。那时，她最想当外科医生，但外科不收女学生，她就跟随协和妇产科泰斗林巧稚教授[2]学习妇科。按照协和规定，她必须完成一年的病理住院医师轮转培训。她记得林巧稚教授特别重视病理，会通过患者宫颈涂片的病理变化来判断患者内分泌改变，研究激素水平。每次林巧稚教授看完特诊，为患者进行刮宫后，王泰龄都会送宫颈涂片去病理科做检测。而每每做完手术，林巧稚教授也会马上下楼到病理科查看病理结果。一年的实习让王泰龄充分意识到病理学对临床各科的重要价值。在北京协和医院内科教授、后来创建了内分泌科的刘士豪教授的积极鼓励下，实习结束后，王泰龄毅然决定留在协和医院病理科，全身心投入病理学事业。

而当刘彤华参加了223阶梯教室里的一场场临床病理讨论会，以及一次次内外科大查房后，她对病理学在医学中不可或缺的地位也有了深刻的体会——病理的价值正在于它和临床不可分割的关系，它存在的意义就是探寻更高等级的各种证据，去帮助临床医生更好地诊断疾病，治疗为疾病所苦的患者。

协和病理和临床紧密结合的思想为刘彤华的病理人生打下了历久弥新的深深底色。

2013年，病理科从9号楼迁入新的门诊大楼。晚年，刘彤华的思绪常常会禁不住飘回到老协和病理和临床所在的9号楼和10号楼，那里留给她太多美好的回忆了。对她而言，那时病理和临床不仅仅是空间上的接近，也有一种源于骨子里相互需要、彼此成就的亲切之感。

1　王泰龄（1927—），河北唐山人，著名病理学家，师从著名病理学家胡正详教授，曾在北京协和医学院病理系从事病理学医、教、研工作。曾任中日友好医院病理科主任、中华医学会北京病理学会副主任委员等。

2　林巧稚（1901—1983），福建厦门人，著名妇产科学家，曾任北京协和医院妇产科主任，中国医学科学院副院长。

病理教学主要靠"钻"

协和的病理教学很有特色。据王德修教授记述，协和的病理课并不十分注重"照本宣科地教"，而是以学生自学为主。讲课内容由负责教师自己决定，可以完全不讲，也可只讲有关章节的一些重点或讲一些教科书中所没有的内容，类似专题报告的性质。第一讲一般是"引言"，照例由主任自己讲授，内容除什么是病理学、病理学发展史外，还要介绍几本主要参考书的优点。最后，有一个内容是一定要讲的，那就是"要观察仔细"。

有一次讲课时，胡正详问学生："你们在黑板上看见了什么？"因为黑板上并没有一个字，教室里鸦雀无声，无人回答。等了一会儿，胡正详说："你们看，黑板上这个裂缝，你们谁也没有看见！"这时学生们才恍然大悟。

学生实习前会由教师在黑板上写出当天要观察的教材片的号码，并准备好当天要看的一些大体标本。大体标本由辅导教师（一般为低年教师）进行讲解，病理教材片给学生自己看并画图，有问题则由辅导教师解答。

一般学期到期中以后，主任会向学生提出一系列题目，供学生自由选择，自己找文献阅读，写出文献复习报告，在期终考试前上交，由主任评阅记分。大多数学生为写好这份报告要"开夜车"，有的学生为此要看几十篇，甚至一百多篇文献。

王德修来到协和病理科不到半年，胡正详教授就发现他读文献的速度不够快。有一天，胡正详给他一个简单但罕见的尸检病例，嘱他写一篇短文做个案报告，并要他在几周内交出有关这个病例的文献复习论文。这样一逼，王德修极为紧张，在短时间内一口气愣是看了一百多篇文献。文章写出来后，王德修将其交给胡正详主任审阅。过了几天，胡正详把王德修找去，说："内容还好，但文字还不够严谨，文后附贴的标本相片贴得也不够整齐，你拿回去再好好看看。"这时王德修才发现胡正详主任逐字逐句给他改了文章，相片也都贴得规规矩矩。

胡正详对青年医生的要求严格到近乎苛刻。一次，胡正详主任让王泰龄给学生讲授炎症内容，询问她备课的情况。王泰龄说："您上课的内容我全都背下来了。""那怎么能行呢？你去图书馆把所有文献全部看完！"离上课还有二十多天，胡正详让技术员推着小车陪王泰龄去图书馆，把几十本相关的书全都借了回来，要她把这些材料都看完才能讲课。多年后，王泰龄教授说："这个教训我印象特别深刻：只有自己弄明白了，才能教别人。胡教授让我讲肾脏，我就从肾脏的解剖、生理等各方面去查资料，读肾脏病的专著，所有临床可能涉及的问题我都要看完。这件事我记一辈子。"科里年轻人写的外检、尸检报告都要拿给胡正详看，他都会在上面认真批改。王泰龄记得，有一次，胡正详指出她报告中英文 show 跟 showing 的用法不对，接着就告诉她这两个词应该怎么用。"从那一次我就知道，不管是做人还是做事，一定要做到最好。胡教授对我的要求是 perfect（完美）。什么时候、做什么都必须做到最好。现在我也是这么要求自己的学生的。"多年后，已是九旬高龄的王泰龄教授忆及当年老师的教诲仍充满感慨。

在刘彤华师从胡正详学习的过程中，她体会最深的一点就是学习、工作中碰到困难，一定要自己先思考，要带着问题去问他，否则他是不会回答的。所以，每当有了问题，刘彤华都是自己先查文献，做好功课，想好了怎么去问之后再去请教胡正详教授。

不仅胡正详教授如此，当时老协和的专家都是这样。刘彤华说："在临床查房中，你要是赶上他一句话问到你工作做得不细致、不全面，或者病历准备得不好，对于年轻医生而言，那是很可怕的事。正是这样的严格要求，逼着你要去学很多东西。"

协和的病理学习很少有课外辅导或答疑,完全要靠学生自己单独"钻书本"，主要的内容要"钻"，次要的内容也要"钻"。学生认为，如果自己能答出其他同学答不出或不懂的问题，才算高人一筹，教师对他的印象当然也就较好。

据王德修教授记述，病理课平时的小测验不多，但期终考试的分量是可观的，大体标本、病理切片（另外有为考试用的片子）、教科书及讲课内容都要考，有时还有口试。小的题目如解释名词、排列尸检诊断（即把一例尸检的许多诊断无次序地交给学生，要求学生按重要性、系统性、原因和结果的关系等合理排列起来，以观察学生对疾病的认识和思考方法）等。笔试的大题目往往很多，大概是希望学生把他所知道的所有有关内容都写出来。所以，下午开始考试，有的学生要考到晚上八九点钟，卷子由主任一人评阅。学生最后的分数，主任往往还要参考平时对他的印象给出。

这种启发式的、重在调动学生自己学习主动性的病理教学理念和方法让病理系学生以及参加师资班的进修医生们都受益匪浅。1951 年 8 月，刘彦仿从南京大学医学院毕业后被分配到八路军晋西北军区卫生学校（第四军医大学前身）病理学教研室工作。当时他的主要任务是要把刚参军的知识青年用 8 个月至两年的时间迅速培养成为军医，以应对抗美援朝之需。1953 年，因缺乏活体组织检查及尸体检验的正规训练，他在工作两年后被学校送到北京协和医学院病理系，参加病理高级师资培训班的进修学习。

刘彦仿参加的是 1953—1954 年病理高级师资培训班（第三期，也是最后一期），班上总共有 18 位同学，很多人来自部队系统的医院。对于协和高师班的学习内容和学习形式，他生前曾有过这样的回忆："首先要经过短期技术训练（如常规及特殊染色），再经过几例尸检和半个月的活检初检实践（逐级复查），每周参加活检讨论，按月进行尸检讨论。当时的学术气氛非常民主，参会人员谁都可以发表不同意见，最后由教授总结。其中很重要的教学方式是专科病理学报告，如乳腺病理、甲状腺病理、神经系统病理等等，继之切片实习，最后考试。进修期间，要求学员每个人至少完成 2 例尸检，由胡正详和刘永两位教授复查。胡正详教授看片子非常认真，在复查时会亲自带着学生逐一阅读，这个过程中学员们收获很大，对大家来说是非常难得的学习机会，因此学员们都想跟着他复查。"

短短一年的进修学习，让刘彦仿从无到有收获极大。返校后，他就担任了第四军医大学附属西京医院病理科的病理组长，并带领培养了3名进修医师。

协和病理系独特鲜明的教学氛围也不断激发着刘彤华对于病理学的求知热情。位于协和老楼12号楼的图书馆是协和的"三宝"之一，曾被誉为亚洲第一医学图书馆。为了解开一个又一个病理诊断难题，生性要强的刘彤华，循着协和病理前辈们的足迹，在9号楼到12号楼之间开始了无数次不知疲倦的往返。

用上了中国第一本病理学教材

刘彤华到协和参加高师班学习时，她很幸运地用上了由胡正详教授、秦光煜教授'、刘永教授三人合著的中国第一本病理学教材。

1952年前，国内病理学领域没有一本像样的中文教材，病理教学所用的都是国外教材。早在1940年，胡正详便已着手病理学教材的编写。1941年太平洋战争爆发，1942年年初，北京协和医学院被日军占领被迫关闭，胡正详离开协和后到北京医学院出任教授并担任病理系主任。

1944年，王泰龄考入北京医学院学习时，病理课就是由胡正详和秦光煜两位教授讲授，她所学习的就是胡正详和秦光煜为学生们印制的薄

---

1 秦光煜（1902—1969），江苏无锡人，中国著名病理学家，对麻风病理学进行了开拓性研究。曾任北京医学院病理学教授兼北京医学院病理科主任，岭南大学医学院病理科教授兼主任。

薄的没有插图的病理学讲义。对此，胡正详在《病理学》一书的前言中曾有解释："1943年，正详与光煜在北京医学院时，仅能将讲义部分印出二百余本，至书内应有之插图九百余幅，则因印制之成本过大而未得插入。"1946年，协和筹备复校，尽管胡正详被很多行政管理、社会事务缠身，但他始终没有断了病理学的专业研究。他对病理学讲义进行了修改，再次印出了300本，但由于经费紧张，所有插图仍没能一并印出。

中华人民共和国成立后，政府大力发展医学教育事业，病理学教科书的出版更显急切。胡正详和秦光煜、刘永三位教授对讲义进行了修改，并将原有插图予以增删，留下了1 143幅珍贵的病理学教学插图。这期间，秦光煜去了广州，刘永又被胡正详派往美国学习，1950年学成归来，书籍的撰著编写也因此经历了种种波折。直至1951年12月，教材终由人民军医出版社出版印刷，首印5 000册。

这本中国最早的《病理学》教材共73章，内容从基础到临床都有，"不仅内容充实、图文并茂，而且文采盎然，实为我国空前绝后，堪与国外经典病理学教科书媲美的佳作"[1]。

对所有看过这本教材的读者来说，印象最深的就是该教材全部取自国内的病理资料。时任中央军委总后勤部卫生部副部长的傅连暲于1951年12月9日为其撰写序言，他写道："这部《病理学》我认为主要特点是材料非常丰富，而这些材料又多是来自作者本人的作业。因此，它与编纂国外著作汇集成书的做法不同，它所根据的主要是中国的材料，更有价值。这部书的第二个特点是由讲义进而成书。由于经过了多次的讲授，多次的增删，所以在取材上是经过了慎重选择的，是经过了与临床需要相配合的过程的。"

提及这本教材的成书过程，胡正详教授本人在前言中如此记述："本

1　出自《百年协和 金标准中的传奇》中"严之有道，细致入微的秦光煜教授"一文，作者为赵庆夏。

书内之教材以尽量利用在我国所见者为原则，但因我国尸检工作尚未发展，病理学之文献又不甚多，故本书之内容受到若干限制。幸在照片方面，由于前协和医学院临床各科以及病理科之经常摄制，故在 1 143 幅之插图中，除十余幅系来自国外者，均系本国之材料。对于我国学者极为适用。病理学乃基础医学课程，学生学习时尚无临床医学之知识，因此多无从联系二者之关系。而每感病理学为一死而无兴趣之学科，著者有鉴于此，除于讨论病理学时述及临床现象外，更特别注重临床插图（在全书之插图中，临床者计有 289 幅），借以启发读者之兴趣，而有助于学习时之记忆与理解。然此点系属创举，尚希读者提供意见，以为他日增删之借镜。"

提及《病理学》，病理高师班第三期学员刘彦仿教授曾回忆说："这本教材内容丰富不说，还有印在新闻报纸上的大量照片，非常清晰又说明问题。照片中的形态结构细致，反差适度，层次分明，而且丝毫没有人为现象。"

这些令人称道的病理图片要归功于老协和照相室主任蒋汉澄[1]先生。他曾被北京协和医院送到美国专门学习医学照相及画图，回国后做医院照相室主任兼胡正详教授的秘书和摄影师。照相室当时隶属于病理科，就在病理科的一个屋子里办公。

蒋汉澄先生的病理摄影技术也给刘彤华留下了极为深刻的印象，"他可以用最简单朴素的照相设备拍摄出最精致的照片。"她回忆说，"蒋先生拍摄大体标本时，通常会在大缸子里放上水，把固定好的标本放在水里照。还会在玻璃缸子上放一块玻璃，然后在下面放一块蓝色或者绿色的纸作衬底，标本拍出来特别漂亮。标本切开后，切面照片也拍摄得非常清晰、美观。"刘彤华晚年依然清晰地记得，"阿米巴痢疾肠标本照片放在显微镜下看，真的是清楚极了！"

---

1 蒋汉澄（1900—1989），江苏苏州人，中国医学摄影创始人，曾任中国摄影学会常务理事。

蒋汉澄将这些标本照片拍摄好后，胡正详就把它们贴在一个个厚厚的硬纸板做的相册里，存放于病理科的大柜子里。这些照片不仅用作《病理学》教材的插图，其中的许多照片后来也被国外教科书所引用（如天花、髓外造血等）。

这本精益求精的著作，成为当时中国病理界人人珍爱的宝典和案头书。刘彤华到协和时，这本教材刚刚完成出版，幸运的她就是翻阅着这本书开启了她的病理生涯。在以后的岁月里，她也多次参与《病理学》教材再版的编写工作。

病理学工作者的培养需要长期观察大量的标本。在 20 世纪 50 年代初期，我国的病理学标本数量较少。为了开展病理教学，让学生得到丰富的病理知识，胡正详教授不仅编写理论教材，还带领同事制备了一千多例病理教学大体标本，保存了三千多例尸检标本和近 5 万例外科检查的组织标本。同时，他发动系内人员为医学生和进修生制备了 50 套教学玻片（每套 250 张）、50 套教学参考玻片（每套 750 张），这些资料是国内至今都难得的、很有价值的教学和研究资料。刘彤华来协和进修学习的时候，她还没有资格去做外检，实践部分主要就是大量看这些现成的教学片子，从中收获很大。

宝藏教授胡正详

对刘彤华和其他早年跟随胡正详学习的年轻病理人来说，除了协和良好的学习环境、教学体系、课程设计，作为病理系主任的胡正详教授本人的为人做事给他们的成长带来的影响或许更大。

多年后，刘彦仿教授仍记得当年跟胡正详主任学习读片的一些细节："我虽然经过认真准备，但仍然忽略了病人胃上有一个浅表溃疡，尸检复查完成后，老师继续在镜下耐心地教我如何认识气管壁内的各类炎细胞，那是组织细胞，那是大单核细胞，那是肥大细胞，等等。当时他已年近六十，患有高血压病，还有眼底出血，但仍坚持每晚来给学生复查尸检报告，常常工作到深夜，令人感动。"

胡正详教授重视标本，在他眼里，那些标本也是有灵性的"生命"。王德修教授记得自己刚到协和医院不久，发现尸检标本积存了七八间房子。由于日军长期占领，标本无人照管，号码混乱，他想认真整理一下，并给干燥的标本缸里补充一些液体。请示了胡正详主任并得到同意后，王德修就和一位技术员穿上围裙，整整大干了三个多星期，把每间房子里的标本都进行了登记。胡正详主任看了整理后的标本特别高兴，说："病理工作者就是要爱护标本，工作要有秩序。病人死后把尸体都交给我们作研究，不爱护标本、不尊重尸体是不允许的！"

胡正详教授在工作中特别重视诚实的态度。有一次，在临床病理讨论会上，有一个贫血、脉压增大、心脏扩大的病人，学生的诊断是贫血性心脏病，而一位内科主治医师则诊断为维生素 B_1 缺乏性心脏病，而且分析得头头是道。在场的心脏内科学黄宛教授表示，病人的临床资料没有提供维生素 B_1 缺乏性心脏病的线索。胡正详教授当场非常严肃地批评这位主治医师说："这个病人临床上根本不可能诊断出维生素 B_1 缺乏性心脏病，你是事先看了尸检报告才做出这样的诊断和分析的，这不是协和的作风，病理科不欢迎这样的临床医生参加 CPC。"在胡正详教授看来，拿出该病例来讨论的本意是希望与会者能考验自己对心脏病的分析能力，并不期待从临床表现即能诊断本病。如果先知道了病理结果，再编造事前的分析，虽然结论正确，然而是不诚实的表现。这件事也给当时在现场参加讨论的内科医生张之南[1]留下了深刻印象，多年后已是协和著名内科学专家的他在其撰著的《治学与从业》一书中说："这件事也教育了大家，学问和能力有大小，要的是真实。知之为知之，

1　张之南（1929—2014），江苏武进人，北京协和医院内科教授。

不知为不知，绝不能为了显示自己而弄虚作假。诚实是做人的根本准则。"

王德修教授在回忆中也提到，胡正详主任曾让技术人员回收旧盖玻片（做病理切片必须使用的一种极薄的小玻璃片，价格较贵），一次一位技术员怕刷洗费事，就不按胡主任的要求，偷偷把一些旧盖玻片扔到纸篓中。此事被胡主任发现了，他很生气，就要这位技术员从纸篓中一个个拣出来，并罚了款。

相比于工作中的严格，生活中的胡正详亲切和善。刘彦仿教授回忆说："胡正详教授虽然素以严厉著称，但在同学们的眼中，却是亲切和蔼的。他从来不让人称他教授，只让大家叫他大夫。他不仅仅学问大，病理水平高，学术贡献突出，而且非常热爱和关心学生。"

当年，胡正详回国时，他的老师马洛里教授曾把英文版《病理技术》一书送给了胡正详。1953 年，王泰龄和协和病理高师班第一期的 5 位学生一起被分配到了位于长春的第一军医大学。临走时，胡正详教授把这本他珍爱的《病理技术》送给了王泰龄。在这本纸张泛黄的书籍扉页上，有马洛里教授的签名，也有胡正详工整的字迹"转赠给王泰龄同志，胡正详。53/4/20"。王泰龄到长春后开展病理诊断、研究，这本书起到了非常重要的作用。尽管在数十年漫长的岁月里，它已被很多人翻得破破烂烂，但它依旧被王泰龄教授悉心珍藏着。

刘彦仿教授当年的高师班三期同学、后来的同事臧建申教授（臧教授当年从第五军医大学去协和进修，后来第四和第五军医大学合并成为第四军医大学）多年后一直记得，当年自己毕业离开北京时，胡正详教授亲自到火车站送他，老师在站台上微笑着向他挥手告别的一幕永远定格在他的脑海里。

胡正详对技术工作要求严格，但对于技术员的生活十分关心。技术员路英杰记得，当时协和被军事管制委员会管理时实行的是供给制，他来到协和的工资是 300 斤小米，折合成钱每月也就 30 元钱。虽然这和原来老协和技术员每月 17 块美金的工资待遇没办法相比，但和社会上其他人群相比，30 元钱也是一笔不小的收入了。那时候，北京芝麻烧饼 3 分钱一个，路英杰他们在医院的食堂里包伙，一个月花个 6 元、8 元就够了。那时，身为一级教授的胡正详每月有 340 元的工资，每年春节他就到肉铺用钱去换肉票，然后回来给科里的每位技术员发放，每个人就能到肉铺去领 3 斤肉。

胡正详喜欢摄影，也喜欢打猎，也经常带着刘彤华和同学们穿过王府井的小街去胡同里吃小吃。

刘彤华说："以前的协和老教授看上去很严厉，似乎拒人千里之外，但只要真正认可你了，你就会觉得他很容易亲近，胡正详教授就是这样，在这些大教授面前，你需要拿出你的真才实学，靠花言巧语肯定行不通。"

作为中国病理学的奠基人之一，胡正详教授育人无数，我国当代许多著名的病理学专家都出自他门下，如刘彤华、白希清、杨简、吴旻、陆士新、甄永苏、程书钧、刘永、佘铭鹏、臧旭、卢耀增、丁濂、刘彦仿、李佩琳、王泰龄、王德修、沈忠英等。

为了增进病理学术交流，1954 年，胡正详教授牵头创建了中华医学会病理学分会，筹备召开了中华医学会病理学分会第一届全国病理学术会议，1955 年创刊《中华病理学杂志》并兼任总编辑……为推动中国病理学事业发展，胡正详一生殚精竭虑、呕心沥血，他的一言一行也感召、鞭策着刘彤华以及所有他曾悉心培养过的学生，在病理学广袤的田野上不断广拓深耕。

爱神的降临

就在刘彤华在高师班潜心病理学习的同时，由病理"红娘"牵线的爱情缘分也悄悄降临在她的身上。

就在刘彤华到协和病理系高师班进修不久，一位面孔清秀、眼窝深邃的小伙子的目光就开始追随着她的身影。

小伙子名叫张卿西，比刘彤华大3岁，于1926年6月20日出生于福建省闽清县。张卿西的父亲是一名小学教师，在张卿西12岁时因肺病去世。母亲池彩云是闽清县医院一位勤奋敬业的护士，她含辛茹苦一路打拼做到了护士长，就是想通过自己的努力把这个天资聪颖的儿子培养成才。张卿西没有辜负母亲的希望。1948年，他以优异的成绩毕业于福建省立医学院（现福建医科大学）生物系，获理学学士学位。之后，又考取了北京协和医学院临床医学专业。他和北京协和医院著名内科学专家罗慰慈教授在福建、北京上大学时都是同班同学。

张卿西脑子聪明，人又勤奋，在协和念书时，每年都拿"三个最好金钥匙"奖，毕业时也荣获了金钥匙奖。对协和的医学生来说，获得这个荣誉很不容易，每年毕业生中一般也只有一名学生能获此殊荣。每每说起张卿西的学习能力和刻苦钻研精神，刘彤华总是赞叹有加。

不仅学习成绩优异，张卿西政治上也积极要求进步。他于1948年入团，1950年入党，在校期间还担任了班里的支部书记。1951年7—9月在校期间，还参加了北京市抗美援朝手术队，因工作成绩突出，立小功（相当于后来的三等功）一次。1953年，他从协和医学院毕业以后，积极响应国家的号召，在班里带头选择从事其他学生不太愿意选的基础薄弱、既枯燥又辛苦的病理专业。就这样，他来到协和病理系担任助教兼系秘书。他不知，老天早已安排好在这里让他遇到美丽的江南才女刘彤华，并深深地被她举手投足间流露出的知性秀雅气质所吸引。

平时，张卿西总会找机会去和刘彤华一起聊聊病理学习的话题，一开始，刘彤华对其貌不扬的张卿西并没有多少关注。但在接触中，她渐渐发现，张卿西虽然外表上不大修边幅，但为人热情、善良、开朗，心眼儿特别好。

刘彤华在协和进修期间，每月津贴费只有20元。她给自己留8元用于吃饭（好在协和护士楼的饭菜很便宜），其余的12元全部寄回家里贴补家用。

　　了解到她家里的困难后，张卿西总是背着刘彤华每月往她家里寄钱。刘彤华是那种别人对她有一点好就会特别感恩，在心里记一辈子的人。就这样，两个人渐渐从相知到相恋，彼此的心靠得越来越近。他们之间的恋情很低调，以至于当他们已经到谈婚论嫁时，周围的人才知道他们的关系。

　　1953年夏，经过了一年的高师班学习，刘彤华扎扎实实完成了系统的病理专业训练。在盖有主任胡正详印章的进修学习鉴定表上，科里对她在进修期间的学习情况做了如下总结："在进修期间学习了普通病理学、病理生理学。她重点攻克了神经病理学及外科病理学，参加了实际的外科标本检查检验的操作，学习了一般性的切片制作及常用的特殊染色工作。参加了医学生的论文准备、编写、讲课及重点的辅导工作，所学的都能比较好地掌握，同时工作主动……单独处理标本375例……看过经挑选过的外科玻片1 100张，负责做过尸检11例，协助别人做尸检12例，并且部分已做过详细的报告。看过系统尸检材料八十余例，看过内外科片子约180例"，在鉴定表上也指出刘彤华显著的优点是"思想明快，学习效率比较高，对工作有热情……在无领导的工作岗位上有一定的独立工作能力"，同时也指出她的缺点是有些急躁，"以后需大力克服急躁及个人英雄主义思想"。

　　在协和医学院病理系完成进修学业的同时，刘彤华也如期

1953年7月，离京前在北京西郊公园留影

从圣约翰大学医学院（此时已更名为上海第二医学院）毕业，获得医学博士学位。她和高师班同学梁延杰一起被分配到江西南昌第六军医大学病理系当助教，主要工作是开展军医学员的病理学教学工作。她的同学、好友杜如孙则被分配到陕西西安第四军医大学病理系当助教。分配工作前，首长们一再强调军医大学人力物力缺乏，提醒大家要做好充分思想准备。刘彤华在整理行李的同时，也在心里默默给自己打气，"无论遇到什么样的困难，都要打起精神想办法去克服"。

在京城学习的一年，刘彤华把所有的时间都用来学习，几乎没有时间在京城好好转一转。离京前，她约好友杜如孙一起去故宫、西郊公园等地游览。望着厚重大气的红墙黄瓦和夕阳下婆娑的古木树影，刘彤华内心生出了些许惆怅，她不知道这一走，何时才能有机会再次回到这座满溢着传统和现代气息的文化古城。

1953 年 8 月 19 日，刘彤华拎着行李，深情地回望了阳光照耀下绿瓦白墙、厚重古朴的协和医学院，带着满满的收获和依依的不舍，乘坐南下的列车奔赴新的工作岗位。生活掀开了新的一页。

1953 年 8 月，病理系高师班结业前刘彤华（右）与同学杜如孙（左）
在北京故宫前留影

第三章

筚路蓝缕立磁基

"在那时，比较普遍的观念认为教学和科研要高人一等，同时在条件、待遇等各方面也更具有吸引力，所以很多人都努力向这方面发展。只有刘彤华大夫自己一个人坚持跟随胡正详主任踏踏实实、默默无闻地做临床病理诊断工作。"

军医大岁月

刘彤华永远忘不了在 1953 年那个炎热的夏季，自己背着行李走进第六军医大学校园的场景。那是和自己曾经待过的上海和北京的校园完全不同的景象。放眼望去，校园空地上全是长得很高的草，草里是一张张支着蚊帐的床，学校里的人告诉她，江西的夏天闷热难耐，人根本无法在屋里睡觉，躺下一身都是汗，大家只能把床摆放在草丛里睡觉。"别人能睡，我也能睡"，出发前做了充分思想准备的刘彤华努力让自己适应艰苦的工作环境，全身心投入军医大助教的工作中。

第六军医大学前身系第四野战军医科学校和原国立中正医学院。原第三军医大学病理研究所史景泉教授[1]生前回忆，1953 年夏，除了从北京到南昌第六军医大学工作的刘彤华和梁延杰外，新来的还有浙江的两位老师，加上在第六军医大学毕业留校任教的陈意生[2]，这一年一共有 5位青年教师来到第六军医大学病理教研室任教，大大充实了病理师资队伍，给教研室增添了许多活力。

一年后的暑期，上级下命令宣布第六军医大学与第七军医大学（前身为第二野战军医科大学）合并，更名为第七军医大学（1975 年更名为第三军医大学，2017 年更名为中国人民解放军陆军军医大学）并迁至重庆。

位于中国西南部的山城重庆，夏季天气异常炎热，素有"火炉"之称；秋冬阴雨多湿，天空灰蒙蒙的，给人以"雾都"的印象。遇到下雨

1　史景泉（1925—2020），江苏溧阳人，著名病理学家。第三军医大学西南医院病理学教授、主任医师、博士生导师，曾任全军病理学专业委员会副主任委员、顾问及全军病理专业委员会诊断病理学专业组组长等职务。

2　陈意生（1926—），江西石城县人，著名病理学家。原第三军医大学病理学教授、主任医师，博士生导师。曾兼任全军病理学专业委员会顾问、全军诊断病理学专业组顾问等职务。

1954 年，刘彤华在重庆第七军医大学
任助教时留影

1955 年 8 月 28 日，在重庆第七军医
大学任助教时留影

天，行走在高低起伏的路面上，刘彤华会特别小心，因为一不留神，就
会滚一个"泥鸭蛋"。对她来说，酷暑湿寒、复杂多变的气候还不是主
要的，最要命的是当地人顿顿吃辣的饮食习惯，这对从小在江南长大的
刘彤华来说，适应起来并不容易。

　　合并后的第七军医大学病理系的实力得以大大提升，大家都在为搞
好病理教学工作而努力。尽管生活上有诸多的困难和不适应，但刘彤华
工作热情很高，精神饱满，干劲十足。史景泉、陈意生同刘彤华在病理
教研室一起工作、学习 3 年多，相处时间虽然不长，但刘彤华却给他们
留下了深刻的印象。他们曾撰文回忆说："她为人耿直、谦和，平易近
人。在病理教学、外检工作中，勤奋好学、功底扎实，工作认真负责、
一丝不苟，深得病理同仁和学员们的好评。"因为教学效果好，其间刘
彤华还列席了总后勤部的党代表大会。她也在此时递交了入党申请书，
积极向党组织靠拢。

1956 年，在重庆第七军医大学先进分子会议教学小组讨论会上，刘彤华（前左一）在认真记笔记

对刘彤华来说，这期间她和家人的生活仍是艰难困窘的。在北京协和医院刘彤华的人事档案里，记载着她 1953 年 9 月在南昌时每月工资为 62 元；1954 年 9 月在重庆时每月工资是 64 元；到 1956 年 1 月，由于有国防事业津贴和地区补助，她的工资升到了 70 元。

在南昌、重庆期间，她一直将每月薪金的三分之二寄回家补贴家用。一家人靠刘彤华的工资和外祖母从无锡寄来的一些房租收入勉强维持着家中的经济运转。后来，一直失业在家的父亲刘闰元在无锡崇安寺饮食合作社找到了一份会计的工作，多少有了一些收入，家庭的经济状况才慢慢有些好转。

在重庆积极工作的同时，也有一个现实的困难摆在了刘彤华面前。1955 年 6 月，张卿西响应组织号召参军入伍。次年 4 月 27 日，刘彤华

1956 年 2 月 19 日，刘彤华（右三）在重庆和同事们合影

1956 年 8 月，刘彤华在重庆北温泉留影

1956 年 4 月 27 日，刘彤华与张卿西拍摄结婚照

与张卿西一起拍摄了结婚照，两人领证正式确立了婚姻关系。但接下来的生活该如何继续？张卿西在北京，刘彤华在重庆，长期一南一北两地分居终究不是办法。

在北京学习、生活的一年时间虽然短暂，但刘彤华内心深处留下了浓浓的协和情结，思虑再三，刘彤华鼓起勇气给胡正详教授写信表达了想调回北京协和医学院的想法。胡正详对这位高师班二期的无锡小同乡印象一直很好，也很理解她的现实处境。于是，在他的积极支持和大力争取下，1957 年年底，刘彤华重新回到了北京，担任北京协和医学院（当时名为"中国协和医学院"）病理系助教，从此紧随胡正详教授，开始了她内心一直向往的、离病患更近的临床病理学事业。

1957 年 4 月 21 日，刘彤华在北京协和医学院 3 号楼前留影

重回协和

刘彤华回到了协和医学院病理系，此时张卿西已离开病理系，跟随刘永教授专门从事病理生理领域的学术研究。1957 年，刘永教授调到军事医学科学院任研究员。同年，张卿西也服从组织需要，随其调入军事医学科学院放射医学研究所从事放射医学、病理学、病理生理学研究。

刘彤华回京后，她和张卿西在刘永教授临时腾出的自家卧室里举办了简单的婚礼。那时，婚礼也没有仪式，同事、好友围在一张长桌旁，一起吃吃糖，乐一乐，就算把婚结了。婚后，他们先是借住在北京新开路一小间黑咕隆咚的学生宿舍里。有了孩子以后，就住到协和医学院分配给刘彤华的位于东单北极阁半地下室的一间屋子里。

1957 年，中国医学科学院与中国协和医学院合并（同归中央卫生部建制），统称为"中国医学科学院"，附属医院称"北京协和医院"，实行院校合一的体制。老协和临床前期的部分系形成了中国医学科学院实验医学研究所（简称"实研所"），病理系随之合并，归入实研所。实研所的病理系继承老协和病理系的传统，依旧负责协和医院的病理业务工作。

胡正详在中国医学科学院实验医学研究所任一级教授、病理系主任，并被推选为中华医学会理事和中华医学会病理学分会主任委员。1961年，胡正详出席了在莫斯科召开的第8届国际肿瘤会议。1962年，他出任中国医学科学院副院长，两次参与我国医学规划会议，提出了病理学方面的发展规划，受到毛泽东、周恩来的亲切接见。1964年，他被推选为全国政协委员。

随着实研所不断发展壮大，胡正详领导的病理系也日渐红火，到20世纪60年代初，病理系几乎拥有协和整个9号楼，包括3层、1层，以及地下室的一大片房子（用来存放标本）。1964—1965年是病理系最鼎盛的时期，全系研究人员和技术人员多达七八十位。当时，全系有4位正教授，即胡正详教授、杨简教授[1]、李铭新教授[2]和王蘅文教授[3]以及相当数量的副教授、讲师和助教。其中，胡正详教授负责人体病理诊断，刘彤华就分在胡正详教授的人体病理组，任中国医学科学院实验医学研究所病理系助教。

除协助胡正详教授讲课、辅导学生和参加医学生教学工作外，刘彤

---

1 杨简（1911—1981），广东梅县人，著名病理学家、医学科学家、医学教育家，中国医学科学院实验医学研究所教授，中国科学院学部委员，中国实验肿瘤学主要创始人之一。

2 李铭新（1915—卒年不详），福建福州人。实验生物学家、生理学家及肿瘤病因学家，我国实验肿瘤学奠基人之一。

3 王蘅文（1921—2009），江苏泰州人，实验病理学家，中国医学科学院实验医学研究所副研究员，中国科学院实验生物研究所研究员。

1964 年元旦，中国医学科学院实验医学研究所病理学系全体老师暨进修生合影
一排右五：李铭新；一排右六：胡正详；一排右七：杨简；一排右一：刘彤华；二排左五：王正国

华还和祁佩芬副教授以及臧旭大夫、丁濂大夫[1]两位讲师负责协和医院日常的病理业务（外检和尸检等），此外也参加自己感兴趣的研究。

北京协和医院检验科原主任李林在中华人民共和国成立后由部队来到北京协和医院，做了二十多年的党务工作。她回忆说："在那时，比较普遍的观念认为教学和科研要高人一等，同时在条件、待遇等各方面

1　丁濂（1927—2014），江苏如皋人，著名病理学家，胡正详主持的北京协和医院第一届高师班学员之一。长期从事中国协和医科大学医学生、研究生的病理学教学工作，曾任中国体视学学会常务理事及生物医学第一届委员会委员、第二届副主任委员。

也更具有吸引力，所以很多人都努力向这方面发展。只有刘彤华大夫自己一个人坚持跟随胡正详主任踏踏实实、默默无闻地做临床病理诊断工作。"

刘彤华生性聪慧、悟性高，人又特别认真、要强，胡正详教授很看好这位小同乡，平时有什么活也总是愿意交给她去做。刘彤华每天一早上班后，会先帮技术员处理一些切片之类的工作，她从病理最基本的取材工作开始，然后将取好的组织交给切片室做脱水、包埋、切片、染色处理。为了练就扎实的基本功，不出任何纰漏，刘彤华在病理技术和诊断的每个环节上都亲自动手实践。1958 年 8 月，她还在北京昌平参加了电镜学习班，不断学习新技术，积累病理诊断经验。

20 世纪 50—60 年代，临床病理诊断工作量非常大，需要刘彤华看的片子一摞一摞堆在她的案头。此外，作为助教，她每天晚上还要辅导研究生们学习看切片。如果遇上她也解决不了的难题，还要带着片子到胡正详主任那里去悉心请教。

每天早晨，胡正详主任总是第一个到科里。晚上，他要求自己必须得把当天的片子看完才能走，因此，他也是科里走得最晚的。刘彤华经常看到，夜已经很深了，胡正详教授瘦弱的身影还伏在办公桌前，用一只眼的视力在给科里人员审核诊断报告。胡正详教授的身影深深打动了刘彤华。她也学着老师的样子，每天早来晚走，看片子、写报告、读文献，经常加班到夜里十一二点，几乎没有什么娱乐休息时间。

刘彤华说，在做病理诊断时，她向胡正详教授学到的最重要的一点，就是一个病理医生究竟应该怎样看片子。细心的她发现，胡正详教授看片子时特别仔细，显微镜旁的旋钮在他手里总是来来回回、转来转去，胡正详告诉刘彤华："看片子时，整个玻片在显微镜下先要用低倍镜全面整体扫一遍，看清楚有什么问题后再用高倍去观察局部的细胞组织，然后再低倍看，再高倍看，要低倍、高倍来回仔细看，只有这样，有病变部位的信息才有可能不被忽略和遗漏。"这个看片方法在刘彤华未来的病理诊断中发挥了重要的作用，她也将这个方法一代代传授给了自己的学生。

熟悉刘彤华的人都知道，在工作中她有一个突出特点，就是特别善于积累和总结。胡正详教授当年曾告诉过她："对某种病变或疾病能总结相同的 100 例，你就掌握了它。"这句话被刘彤华牢牢记在了心里。通过不断地实践，刘彤华越来越意识到老师当年所言的意义和价值："总结"不仅是提高诊断水平的不二法门，也是推动病理学术研究进展的必由之路。

从 1957 年到 1966 年近乎 10 年时间，刘彤华跟随胡正详学习、工作。其间，科里的人陆续下放、调离，只有刘彤华始终不离，因此在医、教、研全方面得到了这位病理学泰斗的"真传"，特别是在首屈一指的病理诊断方面，为她今后在病理学界的开拓奠定了扎实的基础。

1958 年，《中华病理学杂志》上的论文里第一次出现了刘彤华的名字。那篇论文的题目是《食管癌的分型研究》，这个在国内最早提出的研究成果对当时外科领域乃至整个医学界都产生了很大影响力。年轻的刘彤华虽然只是作为第五作者出现（吴英恺是第一作者，胡正详是第二作者，后边依次是胡懋华、张铁樑、刘彤华），但这预示着勤奋好学的刘彤华已经在协和前辈们开创的学术道路上迈出了自己坚实的脚步。

每每忆及胡正详教授，即便已是八旬高龄，刘彤华眼中也会闪现出对导师的无比敬仰和感念之情，或许正是这份源自心底深处的厚厚情愫支持着她、吸引着她在病理这片热土上无悔地耕耘、不停地开拓。

风雨磨砺

在刘彤华全身心投入学习、工作的时候，家庭生活里出现的种种波折也在不断磨炼她的心性和韧性。

1958年5月，儿子张炜出生了。因为生产时难产，用了产钳，导致张炜右臂臂丛神经损伤，右手终身残疾。这成为刘彤华心中永远的痛。

1962年，刘彤华晋升为助理研究员，这一年5月，女儿张熠也出生了。她和丈夫张卿西几十元的工资，要负担一家四口以及各自双方家庭的生活，常常捉襟见肘。那时，刘彤华很少上街买什么时髦的东西，所有的钱都用来买日用品。孩子没有衣服穿，她就买来一些便宜的布，再买个纸样子，按照纸样剪裁后在缝纫机上把衣服缝制好。每天忙完工作，她还要赶紧回家给孩子们洗衣服、做饭。

在刘彤华的印象中，他们夫妻俩几乎从来没有带着孩子们出去玩过，哪怕是周末，他们也得在家里看书或者去各自的单位工作。

刘彤华和张卿西婚后很长一段时间里，一家人都住在协和医院分配的半地下室宿舍里。一遇下大雨，雨水就会倒灌，搞得屋里污水横流，家具一半都会泡在污水里。刘彤华记得，有一次暴雨过后，胡正详主任紧急派了家里的佣工，帮她把家具从地下室半个窗户里往外一件件搬移出去。

这个地方实在没办法住了，刘彤华只好搬到张卿西位于军事医学科学院附近的宿舍里去住。当时他们和别人家合租了三间屋子，一家一间半，虽然房间面积不大，但总算是住在地面上了。不过，那个地方就离协和医院比较远了，刘彤华不得不每天早出晚归。那个时候，路网落后、交通不便，她乘公共汽车要换乘两三趟，来回奔波。工作繁忙时，两个孩子没办法照顾，刘彤华只好将孩子们送到上海的姥姥家里住一段，然后再接回来。

王泰龄教授记得有一次出差去上海开会，刘彤华曾托她去上海顺便看望一下她的母亲和女儿。王泰龄印象中，刘彤华母亲任女士和小儿子住在一起，老人家看上去是一个挺利落的人，家里的房间收拾得整整齐齐。刘彤华说："母亲在她最困难的时候帮了她很多忙，她一生信仰佛教，在90岁的时候又开始转信基督教，一直活到93岁高寿才离世。"

1987 年，刘彤华四代同堂全家福

刘彤华（左三）、母亲任佩瑛（左四）、丈夫张卿西（左二）、儿子张炜（左一）、

女儿张熠（右一）、儿媳马丽萍（右二）、孙子张剑（右三）

1966 年"文革"开始后，学校停课闹革命，中国医学科学院实验医学研究所的研究工作也处于停滞状态，老知识分子、老专家一夜间都成了"反动学术权威"。胡正详教授因为家庭出身和历史原因，也被裹进无情的政治旋涡，多次遭受造反派和红卫兵的抄家和迫害。

尽管遭受污蔑和批斗，胡正详教授并未停下工作。他对路英杰说，你每天上午把地下解剖室的门给我打开，在解剖台上放个显微镜。解剖室有两个解剖台，里边屋里的那个解剖台平时不怎么用，路英杰便把显微镜搁在那上面。胡正详教授每天来医院后都会一个人偷偷躲到解剖室里静静坐着，在这里，他看看片子，也看看书。

在那个席卷一切的风暴中，平时安静且很少有人去的解剖室终究也没能庇护住胡正详。这位为中国病理学事业奉献一生的医学大家在

1968 年 11 月 12 日惨遭迫害致死，终年 72 岁。

"文革"期间，中国病理界失去了很多老教授，如与胡正详教授并称为"南梁北胡"的著名病理学家梁伯强教授以及谷镜研、秦光煜教授等，使中国病理学界蒙受了极大损失，令人扼腕叹息。

刘彤华出身不好，属于黑五类，像她这样身份的人，在别的单位很可能也是被批斗对象，但在协和医院，像张孝骞、胡正详教授这样的"反动学术权威"太多了，要批斗还轮不上刘彤华。加上解放前她也没有参加过三青团等黑历史，因此只是被"扫了扫"，作为胡正详的学生接受了几次讯问，所幸没有受到更大的冲击，得以继续留在病理系里负责协和医院的病理业务。

时代的风雨扑面而来，一时间让刘彤华有些招架不住。每每感到痛苦迷茫的时候，她就会让自己坐回到显微镜前，久久凝视镜下的那个扑朔迷离、险象丛生的微观世界。她用老师告诉她的方法努力去看清楚图像背后隐匿的疾病的真相，就是在这一次次的凝视下，单纯、柔弱的她变得越来越笃定和坚韧。

白手起家

在协和，流传着这样一句话："没有刘彤华，就没有今天的病理科。"

1969 年，随着中苏交恶，出于战备需要，许多在京单位必须迁往西北、西南。中国医学科学院实验医学研究所奉上级命令迁往四川简阳。经实研所党委研究后决定，刘彤华和路英杰、叶盛芳两个老技术员以及夏仁义、苗爱娣两个年轻医生留下来，被正式"移交"给北京协和医院，时任副院长董炳琨亲自前来"接收"。5 人到协和医院后被安排在阿学静同志领导的检验科下面的病理室工作，党支部由李林同志和刘静华同志领导。

当时他们5人之所以被留下来，主要出于这样的考虑：刘彤华是军人家属，不属于迁离北京的范畴，况且多年来她一直参与和负责协和医院的病理业务；技术员路英杰，他爱人在解放军总医院当护士，也算是军人家属；另一位女技术员叶盛芳，她的爱人是搞法语教学的，如果迁到西南实在没法安排工作；两位年轻人中，有一位年轻助理研究实习员也是军人家属；而另一位，考虑其初来乍到，对什么情况都不太熟悉，也决定将其留下。

如果当时刘彤华也随大部队去了西南，她的命运会有怎样的走向不得而知，但命运选择将其留在了协和医院，显然是有一项重要的功课留给她完成。

实研所病理系迁往简阳时，几乎把所有的仪器设备和有关尸检档案和尸检大标本等宝贵的资料都迁走了。给刘彤华他们留下了9号楼3层北端的三四间屋子，以及地下尸检室和地下室南边几间储存标本的小房间。3层的切片室也仅留下一台切片机、一台自制的捞烤片机以及部分家具。原来切片室那个好用一些的苏联冰箱也一起被搬走了，因为存放标本不能没有冰箱，于是又找了一个老旧的冰箱留给他们。他们5人又从四处搜集来一些破破烂烂的柜子、椅子，敲敲打打一番后凑合着将其用起来。在董炳琨副院长的支持下，医院又为病理室陆续添加了一些设备，病理室就这样开始艰难地运转起来。

按照当时实研所某些领导的意见，除尸检档案和尸检大标本外，所有的外检档案（当时已累计超27万例外检病理报告，并已装订成册）也要全部搬走。刘彤华得知后心急如焚，她觉得这些外检档案都是协和医院病人的资料，把它们搬到简阳去，对实研所来说毫无用处，而对协和医院却是一个不小的损失。在她的再三请求下，病理系领导才同意将档案中有关北京医院的外检报告（北京医院没有成立病理科以前，外检标本也送协和病理系检查）撕下拿走，其余留在了协和医院。多年后，在原实研所病理系一位党支部领导的大力支持和帮助下，已搬到简阳的尸检档案才得以重新回到北京，在以后的病理学教学和研究中发挥了不可估量的作用。

这些档案涵盖了 1916 年以来的全部尸检档案和 1917 年以来的全部外检档案，一共 80 多万份，很长时间里一直陈列在协和医院病理科老楼 9 号楼 3 层的走廊上。许多外宾来协和病理科参观时都会对协和的病理档案——这些"稀世珍宝"表示出极大的兴趣和赞赏，对刘彤华的工作表示钦佩。有人感慨地说，与其说刘彤华保留的是一份份档案，不如说保留的是一种学术传统，一种精神传承。

"脱离了母体的婴儿不仅要独立活下去，而且还要活得好。"尽管人员紧张、资源匮乏，前行的路上困难重重，但回到了协和医院的刘彤华内心是快乐的，也是兴奋的，与临床医学梦想失之交臂的她，觉得这下总算可以跟临床真正在一起了。

刘彤华觉得病理业务的开展对于医学各学科以及医院整体发展十分重要，它不该仅仅作为检验科下面的一个病室而存在，协和医院应

1994 年 12 月 26 日，刘彤华（右一）陪同日本医科大学浅野教授（右二）参观病理科

1995 年 4 月 26 日，刘彤华（右二）接待来自澳大利亚的外宾参观

该有属于自己的独立的病理科。

当独立建科的念头在脑海中跳出来后，刘彤华最先想到的是去征求她内心无比敬仰的临床大专家们的意见。她先后找到内科主任张孝骞教授和外科主任曾宪九教授，问："我来医院做病理，你们欢迎吗？"两位大专家听了，都笑着点头，连说："欢迎啊，欢迎！"老前辈对她提出的医院应该有独立的病理科的想法也十分认可。令人欣慰的是，当刘彤华把独立建科的想法向董炳琨等院领导大胆提出后，院领导也表示支持。

于是，刘彤华就在医院党组织和院领导的积极支持下，白手起家从无到有开始了艰难的建科之路。虽然临床各科主任、教授都是医学界的泰斗和精英，但他们对小小的病理科都很支持，都愿意给予无私的帮助。

病理诊断有着复杂的工作流程。标本送检后，病理医生要经过一系列病理组织技术处理和读片才能作出诊断。病理切片的制作包括取材、固定、脱水、包埋、切片、染色、封片7个步骤共四十余道工序，从工作分工或工作需要的角度出发，病理科的人员配置应该是技术员人数略多于医生，而这个小小的病理科开始运转时，人员比例就面临失调，医生3人，技术员却只有2人。

当时制作玻片均为手工操作，没有现在的自动化切片、染色技术，也没有如今一次性的可以方便使用的刀片。当时切片用的是一把沉甸甸的大刀，每天早晨技术员来了都要先磨刀、备刀。除了切片、制片外，技术员还要承担发报告、文字资料归档、收新标本、登记编号等诸多任务，因此工作极为繁忙。这种情形下，作为病理医生的刘彤华二话不说就顶了上去，除了完成日常的病理诊断，像磨刀、包埋、切片、捞片、制片等各项繁杂的纯技术工作，她都亲自上手去操作。

本来病理科人手就少，雪上加霜的是，不久后，5人中的2位年轻医生也相继调离科室，病理科只剩下刘彤华和路英杰、叶盛芳两个老技术员承担主要工作。

那些日子，每天早晨7点，刘彤华准时第一个来到科室，她先小心翼翼地取出一袋袋浸泡在福尔马林固定液中的人体组织仔细检查，随后选取最合适的组织，细细地切下后用来制作病理切片，厚度不能超过3毫米，然后将选取的组织标本经固定、脱水后包埋成蜡块……她一个人麻利而娴熟地做着这些技术工作，尽可能省出时间以便技术员上班后即可直接备刀、切片、脱蜡、染色、制片。在通风装置老旧的病理取材室，即使戴着口罩操作，福尔马林的味道仍然很刺鼻，她的眼睛也因此经常泪流不止。

一旦技术员完成制片工作，她就俯身显微镜前一动不动凝神看片子，然后做诊断、签发报告。报告发完了，她起身再去取材、描写……如此这一套程序每天不停地重复进行。那些日子里，刘彤华既当技术员又当医生，每天马不停蹄地连轴转。如今的人们很难想象，在人手奇缺且仪器设备"一穷二白"的条件下，他们3人硬是支撑起协和医院全部的日常病理业务（外检和尸检），满足了临床各科室对病理诊断的需要。

1972年1月1日，北京协和医院更名为首都医院（"文革"期间曾一度更名为"反帝医院"）。当时"文革"还在进行，无论是在工作时还是工作之余，只要大喇叭一响，大家就得上街游行，或到天安门去喊口号，或去参加批斗会，写大字报批判走资派等。那时施行的还是6天工作制，每周一三五晚上6点到8点和每周二四六下午必须参加政治学习。有政治学习的时候，一般要到下午5点以后才可以工作，晚上八九点才能下班回家。有时完成了一天工作已经疲惫不堪，还要背着"小背包"（"行李"）去拉练。刘彤华记得最远一次从位于东单的协和医院一直走到东三环北路的农展馆，然后再折返回医院，回家后发现脚趾头走得全都肿了起来。

"文革"期间，生产几乎停滞，刘彤华他们连玻璃片都买不到。做病理诊断，载玻片、盖玻片这些玻璃片是必备的，缺此一切无从谈起。老技术员路英杰回忆，当时实在没有办法，刘彤华和两位技术员只好拿着登记本，循着上面的编号翻找出几十年以前用过的诸如阑尾炎、乳腺增生之类价值不大的旧片子，然后将这些收集好的、一脸盆一脸盆的旧片子放到电炉上烤热，去掉载玻片上的盖玻片（载玻片上面贴上蜡膜做完组织染色后，再在上面贴一张盖玻片，就可以放在显微镜底下做诊断），搁些石炭酸，用水浸泡，然后再放些来苏水（甲酚皂溶液）、肥皂水蒸煮，用95%的酒精再次浸泡，最后彻底刮去玻璃片上的黏胶，洗净、烤干，确保上面没有任何组织残留后，才能作为玻璃片再次使用。

病理科每天都要用到石蜡，以前老协和用的都是国外进口的透明石蜡。可那时科里实在买不起一盒几块钱的石蜡，他们只能用工业石蜡，再配一点蜂蜜进去，也同样能不影响质量，有效开展诊断。

为了提升技术工作的效率，刘彤华带着两位老技术员不断琢磨改进工作流程。比如常规染色是用玻璃缸，一次只能染10片，后来他们经过改进，采用提篮方法，一次可染20片，工作效率一下子提高了一倍。对常规工作流程，他们也做了积极改进。比如，原先是在埋蜡、切片、染片之后，才贴标签、写标签、对蜡块，这样做工作往往会延迟到下午1点钟才能完成。后来，他们就琢磨将其改为埋蜡者在其他人切片时，就把写标签、摆蜡块等后续工作提前做好，等染片一结束，就可立即"对号入座"。这大幅度提高了工作效率，在上午就基本可以做完全部的技术工作。

那时虽然科里人手短缺，但与临床的接触非常多。刘彤华带着两位技术员和北京的一些半导体研究所、冰箱厂等单位开展协作，用二氧化碳搞半导体冷冻切片。当时，路英杰他们把冷冻仪器摆到外科门诊、手术室，手术标本一切下来，他们立刻进行冷冻，冷冻完了就切片，然后直接交给医生看，这样一来也帮助临床大大节约了诊断时间。

1972年5月，王德田和刘福成毕业分配来到病理科，为人手吃紧的技术室增添了新的力量。王德田来的时候只有18岁，还是一个刚从协和卫校毕业的毛头小伙子。晚年的刘彤华依然清晰地记得，在北京平谷农村长大的王德田来科里时身上穿着一件农村人常穿的小褂子，人显得特别纯朴。

王德田不是专门学病理技术的，刚到科里时，很多工作他还是一头雾水。记得有一次，大家在一起开会，会上有人问他："王德田，你会描写吗？"他摇摇头，心想，是不是就类似于画图描述之类的。对方告诉他："就是医生说什么，你就记什么。"

后来，王德田和从甘肃来协和病理科进修的一位孟姓医生一起工作，孟医生负责取材，王德田负责描写。那是王德田第一次"描写"，他牢牢记得"医生说什么，你就记什么"的告诫，把进修医生说的每句话都如实地记录下来。这位孟医生有个习惯，一边看标本，一边会喃喃自语："这个瘤子长得怎么那么奇怪呢，太奇怪了！"这些话都被王德田如实记录在案。那个时候，病理报告还不能打印，就靠手写，报告写完经审核签字后就直接发出去了，因此刘彤华对描写记录的要求很高，一个字都不能错。刘彤华在审核时看到这样一份奇怪的"报告"后十分诧异。她把王德田叫到跟前，没有斥责他，而是温和而耐心地告诉他应该如何做，一边给他讲解病理"描写"的意义，一边赶紧拿了单子重新填写报告，之后也在科里反复提醒医生们不要在描写时说任何多余的口头语。

这件事让王德田十分内疚，从此他下定决心一定要认真学习好各项病理技术。靠着好学、勤奋、能吃苦的劲头，在刘彤华的指导下，王德田的技术进步很快。

随着时间的推移，给刘彤华大力支撑的两位老技术员相继离开了病理科。先是叶盛芳退休，随后路英杰也被调走专职去做电镜技术员了，病理科在人力上越发吃紧。在建科初期最困难的时候，科里一度就剩下刘彤华和王德田两人坚守在病理科岗位，此外就靠医院外科、妇科以及外院来进修的人员，勉力支撑着科室业务工作的运转。

王德田到病理科时，科里每天有七八十例外检。像以往的每一个早晨一样，刘彤华总是第一个到科里，她取材，王德田描写；她包埋，王德田切片。11 点左右，刘彤华过来帮王德田贴标签，有时也帮王德田磨刀、捞片……在王德田眼里，没有什么是刘彤华干不了的。通常情况下，中午出片子，刘彤华看片做诊断，不到 2 天就能出报告。每天下午 3 时许，王德田就可以把报告送至各科病房。之后又是两人一个埋，一个切，日子就这样在单调的重复中一天天过去。

在后来的四十多年里，病理科里的医生、技术人员进进出出，但王德田始终没有离开过病理科，坚持和刘彤华并肩战斗。组织上有一次给王德田去念大学的机会，但他却把机会让给了刘福成。后者学成归来后在检验科工作，而扎根在病理科的王德田也靠自己的勤奋努力，如今成了全国知名的病理技术专家。

对刘彤华来说，设备人员、物质条件的短缺仅是困难之一，最困难的是遇到疑难病理诊断，身边已经没有胡正详老师可以请教，而其他的同事又去了四川，没有人可以依靠，只能靠自己，精勤不倦地积累探索。

路英杰回忆，从 1949 年到 1980 年，31 年时间里，病理科做一个标本的病理诊断费是 6 角钱，尸体解剖是不收费的。当时，国内很多地方医院不设病理科的一个重要原因是病理科赔钱。那时，虽然全国各地的患者还没有像现在这样涌入协和看病，但却把标本从天南地北大量寄到协和来做诊断，连西藏、新疆等地都有切片寄来，寄来的信封里除了标本外还装着 6 角钱。病理科的人员把这信封里的 6 角钱交到收费处，在收据上盖好章，再用别针别上收据，连同标本检测结果一起装入信封，再花 8 分钱邮费给对方寄回去。

病理科会诊也是不收费的。那时候，请协和病理会诊的医院有很多，王德田常常要骑着自行车到邮局去取外院寄来的装有会诊资料的包裹，里面不光有切片，也有蜡块，甚至还有大体组织标本。王德田取回处理好后，就会将其放在刘彤华的办公桌上。刘彤华在显微镜下认真地看过后，再将写好的报告签字，给这些医院寄回去。刘彤华对直接到科里来会诊的病人也非常热情，她是科里看会诊片子最多的医生，即使不轮她值班，只要有人找到她，她都会给人看片子，从来不提钱的事儿。

病理科人手本来就少，在承担院内大量病理诊断业务的同时，还要完成诸多这样费心、费力、费时的会诊工作。对此，刘彤华从来没觉得是额外的负担，她总是把会诊当作自己作为病理医生的分内职责，也将其视为积累总结疑难病理诊断经验的宝贵实践机会。

各地请求的会诊虽然是免费的，但也有一个好处，那就是这些片子寄来后一般都不用退回去。来会诊的片子一般都是疑难病例，随着会诊片子的不断积累，刘彤华就让王德田将这些疑难病例收集分类并编号保存，这些资料在病理教学中发挥了很大作用。在 20 世纪 80—90 年代，刘彤华还将自己多年积攒的病理诊断经验和病理标本制作成一套包含十多个人体系统的教学幻灯片。这在当时国内属于"创举"，全国各地病理科听说后纷纷来函、来信索要。

在那个特殊的年代，为了让新生的病理科真正在协和医院立足扎根，刘彤华带着科里人员几乎是拼了命地干。

在科里，刘彤华住得最远，但是每天都第一个到医院，病理科 9 号楼 3 层大门的钥匙一直是她拿着。当时，她住在北京市海淀区永定路丈夫单位分的宿舍里，每天早上 5 点左右就要起床，6 点以前就要出门，赶大院的班车到西单，再换乘 38 路公交车到协和医院。晚上下班，要从东单乘公交车 1 路或 2 路到西单后再换公交车回家。那时北京的公交车车次少，上车全靠挤。有一年冬天天气寒冷，车上乘客过多，刘彤华柔弱的躯体在车上因过度拥挤竟被挤出肋骨骨折；还有一次在西单，她慌慌张张地追赶公交车，脚底下一根大水管，她没看见，被重重绊了一下，摔得满头满脸全是水。

在工作最为忙碌的时候，她几乎"两头"都见不到孩子：每天一早孩子还在睡觉，她就摸黑爬起来赶着去上班；每天晚上，当她拖着疲惫的脚步回到家中时，常常已是深夜，孩子们都已进入梦乡。

在刘彤华数十年的病理职业生涯中，她从来没有休过教学假，也从来没有因为私事请过一次事假。刘彤华对自己要求严格，其一举一动大家也都看在眼里。王德田说："每天早晨8点上班，她7点就到了，别人看了没人敢迟到。只要她组织召集开会，到点儿大家全来。那时没有人和时间计较，没人一下班儿就想着走，而是踏踏实实把工作做完才离开医院。"

在搞卫生宣传月活动中，刘彤华带着科室人员，亲自登梯子擦玻璃、擦顶棚，大家一起动手，干得热火朝天。每到一季度，医院工会会给职工发电影票，每人一张，刘彤华先拿，她总是选座位最次的一张，大家看了也如此照做，最后拿的人总是座位最好。当时，科里风气特别好，大家都是吃苦在前，享受在后。

那时候病理科房子条件很差，通风装置老旧，只有一台电扇从里往外吹。一走进病理科，标本和福尔马林散发的味道特别难闻，大家几乎都要捂着鼻子进去。尽管病理科工作环境简陋、工作量大、任务繁重、薪资不高，但却没有一人有怨言。

随着病理科的发展，刘鸿瑞[1]和南潮相继来科，臧旭也从西北回到病理科。另外，唐敏一在实研所病理系工作开始，就一直负责联系妇产科和病理科，帮助处理妇科病理标本和诊断。随着人数的增多，病理科由原先挂在检验科下面的一个室，到正式成为独立的病理科，仪器设备开始不断增加，科室空间也由原来北端的几间房屋逐步扩大到整个9号楼3层。

1974年，在中国协和医科大学病理教研室担任副主任的王德修经中国协和医科大学原教务长章央芬同志的推荐来到协和医院病理科任主任。王德修的专长是教学，所以他主管医学生教学，日常病理业务仍由刘彤华和臧旭主管。科里资深医生多了，也开始陆续招收各地来的进修生。

---

1 刘鸿瑞（1936—），天津市人，著名病理学家，曾任北京协和医院病理科主任，中华病理学会北京分会副主任委员等职。

1974 年 6 月 22 日，北京协和医院病理科部分人员合影
左一：南潮；左三：唐敏一；左四：王德田；左五：臧旭；右一：叶盛芳

从参加甘肃医疗队到 1982 年入党

1976 年初，刘彤华响应组织号召，报名参加了甘肃敦煌医疗队。出发前院里通知她，参加医疗队的主要任务是给当地妇女开展宫颈癌普查。刘彤华把手头的工作安排好后，便匆匆踏上了赴西北的漫漫旅途。这一年，刘彤华 47 岁。

然而，当她和其他医疗队员风尘仆仆地抵达甘肃敦煌杨家村大队后，又接到上面通知，说不开展宫颈癌普查了。那一刻，她突然意识到，当时西北很多妇女观念里还有很浓厚的封建保守意识，让她们配合做宫颈涂片检测困难重重。

那时，刘彤华离开医学院已有 23 年了，看着医疗队员中的临床医生走村串户给村民义诊看病大受欢迎，一时间，她竟生出了几许"英雄无用武之地"的茫然无措之感。"既来之，则安之"，她很快调整了自己的心态，力所能及地投入为当地百姓服务的工作、劳动之中。当时恰好和她分到一组的北京协和医院原副院长黄人健回忆说："刘彤华并没有因为才能得不到施展和认可而心存抱怨，相反，她一直坚持和其他临床医生一起为当地百姓送医送药，无怨无悔地辛苦工作在第一线。"

在完成送医送药工作之外，更多时间，刘彤华和其他医疗队员要从事繁重的体力劳动，接受贫下中农的再教育。

20 世纪 70 年代，

1976 年，刘彤华（中）参加甘肃医疗队在敦煌莫高窟前留影

西北农村生活条件极为艰苦，卫生状况也相当恶劣。当时，刘彤华住在杨家村一农户家里，和家里的女主人睡在同一张炕上。那个炕不仅人睡在上面，家里养的鸡娃子、猪娃子等家畜也都卧在炕上。有一次，医疗队员去敦煌参观，返程时难得住了一次宾馆，刘彤华记得她把宾馆里的被子一揭开，里面爬满了虱子！

刘彤华劳动的主要内容是为村里修建旱厕。当地村民习惯在沙地上排便，之后用沙土盖上再踩一踩，然后第二个人就又踩在那上面开始排便……对于这一不卫生的习惯，医疗队决定在沙地上垒个高台，旁边再修个台阶，这样村民可以踩着台阶上去排便，大便排在沙地上再用沙土覆盖，那样就可以避免有人将脚直接踩在粪便上。

刘彤华生来力气小，从来没有干过这种体力活儿。一开始，她既不会拿锄头，也不会刨地，干起活儿来极为费力。在其他医疗队员的帮助下，不甘示弱的刘彤华从一开始的笨拙、不习惯，慢慢也干得有模有样。但令她十分不解且有些沮丧的是，他们千辛万苦建好的"厕所"，当地人并不怎么接受，看到后就马上给他们拆掉了，原因是当地人对于这种如厕方式感到不习惯。于是，医疗队转而又反反复复耐心去做当地村民的工作，把旱厕重新盖了起来。

敦煌地区太阳升得早，落得晚。劳动之余的刘彤华每天看着太阳升起又落下，心里想念着远在京城的家人和病理科的同事，不知不觉间就在敦煌度过了整整一年时光。

医疗队任务结束后，刘彤华拎着行李，带着西北的风尘从甘肃回到了京城。当时，丈夫张卿西带着两个孩子住在家属院里大操场上唐山大地震后搭起的简易防震棚里。望着刘彤华，他们三人也一时怔住了，印象中柔美婉约的妻子、母亲，皮肤变得像村妇般黝黑、粗糙，但说话、行事变得比以前更加干练，眼神中也添了几分生活磨砺后的成熟和坚韧。

1975年全家合影
前左：刘彤华；前右：张卿西；后左：女儿张熠；后右：儿子张炜

刘彤华回到北京后，中国迎来了新的变革。这时，"四人帮"已被打倒，邓小平同志提出的改革开放政策使国家获得了新生，病理科也迎来了新的发展机遇。

1978年，刘彤华被正式任命为科副主任。随着职称评定和学位制度的恢复，已当了15年助理研究员的刘彤华也在49岁这一年晋升为副主任医师、副研究员，病理科也开始招收硕士研究生。与此同时，病理科的医生、技术员也进一步得到充实，进修生、研究生日益增加，实习生、住院医师等也不断进入科室。到1980年，病理科人员已发展至二十余人。

在张孝骞、曾宪九两位老专家的大力支持和病理科的积极推动下，经国家外汇局批准后，北京协和医院还引进了中国第一台先进的H600型透射电子显微镜，安置在9号楼地下室，归病理科使用、管理，同时组建了包括路英杰、李星奇、崔全才、郭丽娜、曹金玲等人在内的电镜工作室，为全院各科室不断兴起的科研工作提供服务。

1985年，首都医院更名为"北京协和医院"，这一年，刘彤华也升任病理科主任。1993年12月，她又被聘为中国协和医科大学临床学院病理学教研室主任。

伴随着改革开放的脚步，北京协和医院引进了不少医学新技术、新方法，刘彤华目光紧盯临床需求，在新技术支持和应用方面，不断发挥病理科的作用。在她的推动下，病理科陆续建立了特殊染色工作室、大标本制作室、教学实验室、组织培养室、细胞培养室、神经病理室、免疫组织化学实验室等技术平台。这为病理科医、教、研协同发展创造了有利条件，也为进一步提高疑难病理诊断水平打下了坚实基础。

1977年，北京协和医院病理科及部分从简阳返京的原实研所病理系人员与结业进修生合影

二排右三：刘彤华

1979 年，北京协和医院病理科工作人员合影

一排左二起分别为刘鸿瑞、叶盛芳、刘彤华、王德修、臧旭、路英杰、唐敏一；

二排右三：郭丽娜；三排右一：陈杰；三排右二：王德田

　　改革开放后，国家特别重视发挥知识分子的作用。1982 年 11 月 10
日，刘彤华经支部书记刘静华和王德田介绍，正式加入了中国共产党。
中央电视台新闻联播曾播出了刘彤华入党宣誓和在显微镜下看片子的画
面，这一场景让围坐在电视机前的家人们激动不已。

第四章

火眼金睛辨良恶

这是一篇由张孝骞教授和刘彤华教授合作完成并于1980年发表在《中华医学杂志》上的个案报告。也就是说，这个病例至少在25年前就已经由刘彤华诊断过了。她居然能如此准确地找出一个二十多年前的病理号！后来的文献查阅更让钟定荣吓了一跳：这个病例居然是由刘彤华诊断的中国首例肿瘤性骨软化症——这么多年来，她就像"猎手"一样，始终没有放弃对这类疾病的关注和追寻。

1843 年，被誉为"病理学之父"的德国病理学家鲁道夫·魏尔啸（Rudolf L.K.Virchow，1821—1902）开始用显微镜观察病变部位的细胞和组织结构。1858 年，他出版了重要著作《细胞病理学》，从而开创了细胞病理学时代，病理医生由此走上了在显微镜下探寻病变真相的漫漫征途。

病理差之毫厘，临床谬以千里

与人来人往的临床科室相比，病理科总是显得格外安静。每天，来自临床各科的大小标本（穿刺、小活检、手术切除标本等）汇集于此。作为一名病理医生，一天的大部分时间要沉浸在显微镜下的微观世界，通过观察染色后的人体组织切片，对送检标本做出相应的病理诊断。

每天都有无数的患者及家属在焦急等待着来自病理医生的判决。如果报告结果是良性的，他们喜极而泣；如果结果相反，则足以让患者和家人陷入巨大的恐惧和焦虑中，让医生直接进入与恶性病变较量的战斗状态。

如果说临床医生根据经验，综合患者的临床表现及影像检查等得出的分析性诊断犹如"隔皮猜瓜"，那么病理医生的诊断过程就像一片片地切开西瓜，能够直观地看见瓜瓤的颜色、是否有籽以及籽的具体位置，从而明确诊断，为临床医生指明治疗方向。

病理学是研究人体疾病发生原因、发生机制、发展规律，以及疾病发病过程中机体的形态结构、功能代谢变化和病变转归的学科。学科特点和诊断属性决定了病理诊断又被称为诊断的"金标准"，而病理医生常被称为"医生的医生"。

"金标准"，简单的 3 个字，背后却是巨大的责任、压力和风险。

从刘彤华做病理医生的那天起她就知道，病理差之毫厘，临床谬以千里，当病理医生不能出错，"误诊一例对医生来说可能只代表百分之一的误诊率，而对被误诊的病人而言却是百分之百的错误"。病理医生虽然不直接面对患者，但他做出正确的病理诊断可使患者获得正确的治疗，相反，则可延误患者的治疗，甚至会导致重大的医疗差错或事故。

为了给患者一份明白无误的诊断结论，刘彤华日复一日努力精进，在不断地实践、总结中练就了一双"火眼金睛"。她对疑难病症的病理诊断率极高，尤其对淋巴造血系统病理、消化系统病理、内分泌系统病理等病理诊断造诣精深，被业界赞誉为"金标准"中的金标准。

"这个切片已经让刘大夫看过了"

刘彤华曾在一篇述评中写道："将显微镜下切片上的组织细胞改变转化成临床有用的信息（诊断），在诊断病理学中称为组织评价的'眼睛'（eye for tissue evaluation）。"[1]

很多人在面对刘彤华时，都会下意识地多看看她那双美丽而充满神采的大眼睛。这双眼睛平时看人时温和恬静，但一旦聚焦显微镜下的标本时，便能发出锐利且极具穿透力的光，这束光会智慧地绕过层层叠叠的迷惑和障碍，最终在微米区间的生命轨迹里准确地找到隐匿在暗处的那个细微狡黠的病变密码。

每天都有大量等待会诊的疑难病理片子，切片、标本从全国各地涌入北京协和医院病理科，这些复杂疑难病例，经全科讨论后无定论时，就会被送到刘彤华的案头。这些片子背后是一颗颗悬着的、焦虑等待"宣判"的心。病理医生总愿意将自己的工作比作"法官断案"，而由刘彤华签发的病理报告则被公认为是"终审判决"。

1　引自《国内医院病理科的现状》一文（2002年4月《诊断病理学杂志》）。

著名内分泌学专家，曾任北京协和医院院长和中国协和医科大学副校长的陆召麟教授早在 1963 年在协和做住院医师时就认识刘彤华了。他印象很深的是，"刘彤华的诊断水平颇高，那时几乎所有重要及疑难病例的诊断都是由刘彤华做出的。内分泌系统的病理诊断较复杂，良、恶性肿瘤的鉴别较困难，但刘彤华总能依据临床病理的特点作出最准确的诊断，我们所有的临床大夫对她的诊断都深信不疑。"

20 世纪 90 年代，一块辗转北京数家大医院均不能得到确诊的病理切片被送到刘彤华手中。会诊之后，经仔细阅片，她写下了"颈部淋巴结转移性鳞癌"的诊断。可在接下来的全面体检中，临床医生始终找不到病人的原发肿瘤病灶。病人和临床医生都对转移瘤的诊断心存疑惑，再度请来刘彤华重新阅片。第二次阅片的结论没变，但刘彤华补进去"建议查口腔"5 个字。最后，口腔科医生在病人的牙龈处果然发现了一个很不起眼的原发肿瘤病灶。

很多人对刘彤华"建议查口腔"的这个建议感到不可思议，其实早在 20 世纪 60 年代，她已经经历了与口腔相关联的病理诊断，而诊断对象不是别人，正是她的婆婆。

当时，老人家从福建来京和他们一家人居住。有一次，婆婆在刷牙时无意中发现牙龈有些出血，刘彤华仔细检查了她的口腔，发现婆婆的牙龈上有一个鼓出来的东西，出于病理医生的警觉，她取下来一些组织作了活检。在显微镜下，她看到组织形态上有很多血窦，心里"咯噔"一沉，回家问婆婆："您肝脏有病吗？"婆婆答说："没病呀，挺好的。"但刘彤华并没有觉出丝毫的轻松，她心情沉重地将自己的怀疑告诉了爱人张卿西："老妈可能患了肝癌，而且已转移到了口腔。"肝脏肿瘤有一个特点，就是血供丰富。肝癌转移到口腔确实不多见，但刘彤华仔细查阅了文献，发现确有这样的病例，肝鳞癌可以通过颈部淋巴结转移到口腔。他们紧急带老人去医院进一步做检查，果然发现了原发的肝癌。遗憾的是，因为发现时已是晚期，1969 年 12 月，老人最终因肝癌而不幸病逝。

刘彤华的诊断，临床信得过，全国信得过。医院和社会上流传着这样一句话："这个切片，已经让刘大夫看过了。"而有关刘彤华"精准诊断"的故事更是在病理界和临床界口口相传。

一位40岁的男性患者因下脸部肿胀就医，外院多次取活检病理诊断为炎症，但治疗效果不佳。病人家属将病理切片送到多家医院病理科会诊，结果仍为炎症。最后送到协和医院病理科会诊，刘彤华明确诊断为淋巴瘤。脸部长淋巴瘤很少见，病人家属不能接受这一诊断，又将切片及白片全部送到美国淋巴瘤病理权威格拉夫教授处会诊，最后国外诊断也是淋巴瘤，但因病情耽搁太久，错过最佳治疗时间，患者不幸去世。

一位刚毕业的女大学生即将赴美深造，临行前发现一侧卵巢长有肿瘤。在协和医院切除肿瘤后，病理检查发现该肿瘤形态不符合各类典型的卵巢肿瘤。刘彤华反复观察切片，最后诊断为卵巢幼年型颗粒细胞瘤，北京市某医院病理科人员在一次会议上对此诊断提出异议。一年后，已在美国读书的病人肿瘤复发，回国后仍到协和医院进行手术治疗，复发肿瘤病理形态为典型的卵巢幼年型颗粒细胞瘤，最后病人不治身亡。

还有一位从南方来的38岁女性，因肝肿大做肝穿刺活检，当地多家医院将其诊断为炎症。刘彤华根据切片诊断为枯否氏细胞肉瘤，即肝血管肉瘤。此后病人家属特来告知，病人经手术发现肝脾多发性肿物，术后病理诊断证实为肝血管肉瘤。

一位45岁男性病人，在外地大医院开胸肺活检，被诊断为淋巴性间质性肺炎，北京各大医院知名病理专家会诊后诊断为慢性炎症或淋巴增生性疾病。而当临床医生请刘彤华会诊，她明确诊断为肺淋巴瘤。后经追踪治疗，果然证实为淋巴瘤，这令临床医师深感佩服。

经由刘彤华之手签发的一份份诊断报告，总会让隐匿很深的"内鬼"原形毕露。同时，也会让"冤假错案"得以"平反昭雪"。

1976年，北京协和医院一位医生的丈夫在德国工作回国休假时感到胃部不适，做了胃镜检查后，临床诊断是浅表性胃窦炎，但经病理检查诊断为高度不典型增生，疑是早期胃癌。经过三家医院会诊，结论一致：建议手术治疗。当时刘彤华在敦煌参加甘肃医疗队工作，远隔千里无法直接参加诊断，这位医生情急之下只能把病理切片通过邮件寄给刘彤华。刘彤华很快就给出了答复：轻度不典型增生，无须手术，继续观察。后来，这位医生的丈夫到德国后在波恩大学医院和科隆大学医院做胃镜随诊，得到的结论和刘彤华的诊断完全一致，从而避免了一次大手术。几十年过去，也未再出现异常。

一位外宾因十二指肠病变就诊，活检切片经 9 位病理专家会诊均诊断为恶性肿瘤，刘彤华仔细阅片后否定了这一诊断，随诊十余年后证明，该十二指肠病变为良性病变。

一位 45 岁的女性，因腋下淋巴结肿大而手术切除淋巴结。当地医院及北京多个大医院均诊断为淋巴瘤，刘彤华诊断为淋巴结反应性增生。患者 2 个月后在协和医院被确诊为伤寒，而非淋巴瘤。

北京协和医院原副院长黄人健的一位好友，40 岁时在浙江某医院被诊断为卵巢癌，手术切除了子宫、双附件并清扫了盆腹腔的淋巴结。在当时的情形下，如果确诊为卵巢癌，术后还须进一步化疗。病人术后到北京请黄人健帮忙，希望能进一步明确诊断。黄人健拿着病人的病理切片找到刘彤华，仔细阅片后，刘彤华明确否定了卵巢癌的诊断。"由于刘彤华教授的正确诊断，病人免受了化疗的痛苦及癌症带来的精神压力。此后病人一直健在，没有复发。每每提及此事，病人和我都非常感激刘教授。"黄人健说。

1991 年的冬天，一位来自郑州的母亲带着 23 岁的女儿来到北京协和医院，这已经是他们来到北京后跑的第三家医院了。年轻女孩鼻咽部长了一个肿块，引起发热、耳鸣。其他医院诊断的结果都是恶性肿瘤。患者的母亲无法接受这个残酷的结果，她几乎是抱着最后的一丝希望，慕名到北京协和医院找到了刘彤华。

拿到刘彤华良性诊断的结果后，病人家属是又喜又忧。喜的是，这是他们几个月的求医经历中第一次听到好消息；忧的是，万一真的是恶性的，耽误了治疗时机，那么女儿的生命就危在旦夕了！为了进一步确诊，刘彤华在病人家属的要求下，一个月之内3次为患者反复查看病理切片，最后她依然坚持自己的判断：是炎症，不是恶性肿瘤。患者家属最后决定采纳刘彤华的诊断意见，带女儿回家在附近医院随诊观察。

10年后，2001年12月24日，刘彤华接到这位患者母亲寄来的明信片，上面写着这样的字句："我再次送上贺卡，以表达我的感激之情。10年前，我带着23岁的女儿到北京求医，是你们救了我的女儿，帮她摘掉了恶性肿瘤的帽子……"

作为病理医生，刘彤华直接接触病人的机会并不多，这张明信片也是为数不多的她诊断过的病人多年后给她的回馈，十几年来被她一直悉心地珍藏在办公室的抽屉里。

精准、果敢、审慎的"刘氏"风格

在医患关系紧张的情势下，或由于经验不足，或出于规避责任，一些病理科医生对跨界或有争议的问题常不敢下定论，病理报告中有时会出现"可能为A或B，但也不排除C"这样模糊描述的诊断。因此有学者撰文，将这种"穷尽多种可能"的病理报告戏称为"金标准的灰色地带"。然而，从刘彤华手下签发的任何一个病理报告都有明确的诊断，体现出精准、干练、坚定、果敢的"刘氏"风格。

20世纪70—80年代，在协和病理科会诊病例里有一个来自山西的病人，因为腿上长了一个肉瘤，当地医院想要给他做截肢手术。刘彤华认真地反复查看切片后，认为可以不用做手术，先做临床观察。几年后，经过临床观察，发现该肉瘤的确不是恶性的。"想当初，如果不是刘彤华会诊，病人的腿就有可能保不住了。"这个病例给王德田留下了深刻的印象，"刘彤华当时还只是一个副教授，要知道做这样的结论是要担着巨大风险的。"而刘彤华当时的回答是："为了病人，担这个风险值得。"

哈尔滨医科大学附属第四医院病理科主任王立峰教授（后调至上海交通大学医学院附属新华医院任病理科主任）曾在北京协和医院病理科进修。她记得有一位21岁的未婚女青年，阴道出血十余天，宫颈内发现有3毫米×5毫米大小的菜花形小肿物，刘彤华写下了8个字的诊断：子宫内膜间质肉瘤。这8个字就意味着患者须切除子宫及附件，将永远丧失生育能力。王立峰私底下曾为刘彤华捏了把汗：万一不是恶性，这该有多大的风险呀？一个月后，患者接受了手术，术后大病理证明刘彤华的诊断准确无误：子宫内膜高度恶性间质肉瘤伴异源性分化，侵入子宫肌层。

很多人说病理医生是法官，外科医生是执行官，这一点在手术台上表现得特别突出。在很多情况下，手术前无法得知肿瘤的性质，只有靠术中冰冻切片快速病理检查（简称"术中冰冻"）才能确定下一步的手术方式。"术中冰冻"的准确诊断在大多时候不仅能使病人获得最佳的手术时机，更重要的是可以免除病人二次上手术台的痛苦。而对外科医生而言，他们大多不怕复杂的大手术，却很怕给一个刀口还没长好的病人做第二次哪怕是简单的手术。因为经过第一次的创伤，组织结构已被人为改变，再加上机体的修复，原本简单的解剖结构会变得非常复杂，再次手术就像地震之后再进灾区一样举步维艰。

而对病理科而言，做"术中冰冻"相当于一次"急诊"，一般要求病理医生在30分钟内完成。为了对手术中切下的病变组织快速做出病理诊断，技术员会使用冰冻切片机将标本迅速冻成硬块，然后切片，经染色、封片等多个环节后制成冰冻切片，进行显微镜下病理检查。在情况紧急且有时间限制的情况下，"术中冰冻"要求病理医生不仅要具备高超的诊断技术，还要有快速的反应能力。一旦有差错，会导致后面的手术方案全盘皆输，让患者付出巨大代价。这无疑是对一位病理医生的能力、水平和心态的全面挑战和考验。

20 世纪 80 年代中期，中日友好医院病理科原主任笪冀平 [1] 教授当时还在空军总医院病理科工作。有一次，他在做术中冰冻切片诊断时遇到了以前从未见过的胃的瘤样病变，一时不知如何处理。而那一刻，手术医师在术中不断地催要结果，"怎么办？"情急之下他拨通了刘彤华的电话。刘彤华在电话那头耐心听完他的描述后，果断地说："我认为是'胃腺肌瘤'，你查一下《阿克曼外科病理学》胃肠道一节。""就是它（胃腺肌瘤），真是太像了！"事后，获得明确诊断结果的病理科同事对此无不惊叹。

王立峰在协和进修时多次见证了刘彤华签发术中冰冻报告时的果断，并深深为之折服。

一次，一位肩部长了一个肿块的中年女性躺在手术台上，手术医生们静静等待着病理报告，以决定下一步的手术方式。术中冰冻是 30 分钟内必须得发出报告的，可患者身上这种软组织，多数情况下很难凭镜下诊断，往往是做了免疫组织化学检测也难以进行最后的诊断。让王立峰印象很深的是，当时刘彤华经过仔细阅片，在短暂的时间里干净利落、毫不啰唆地下了诊断：梭形细胞肿瘤，可能为纤维瘤病，手术医生据此做了适宜的手术。术后病理经多项免疫组织化学检测证实是个低度恶性的软组织肿瘤。刘彤华英明果敢的诊断指导手术医生采取了正确的术式，避免了患者二次上台。

还有一次，面对一个疑难病例，值班的医生看了切片之后感到诊断非常困难，于是立即组织了全科专家会诊。但是大家你一言我一语，各

1　笪冀平（1955—），安徽人，曾任中日友好医院病理科主任，中国医师协会病理科医师分会第一、二届副会长。

有各的看法，谁也给不了确定的答复。时间一分一秒地过去了，手术室的主刀医生非常着急。因为病人多、手术室资源有限，这个病人如果耽误太长时间可能会让别的病人失去当天手术的机会。而麻醉医生也很着急，因为麻醉的时间都是提前计算好的，而现在他们不得不一直把病人维持在适当的昏迷深度，药用少了，病人马上就会醒；药用多了，又怕危及病人生命。电话一个又一个打到病理科，最后大家终于按捺不住，硬着头皮敲开了刘彤华老师的门。当时，她年事已高，谁都不忍心因为一个又一个的疑难病理而频繁打扰她。只见刘彤华立即拿过切片和病史资料，在认真看了几分钟后写下了明确诊断，拿到结论的手术医生终于可以继续手术了。术后，更准确反映组织结构的石蜡切片和免疫组织化学检测再次证实了刘彤华术中诊断的正确性。

多次目睹刘彤华现场做病理诊断情景的王立峰说她曾经不止一次地想，为什么刘彤华老师的诊断那么胆大呢？在医患关系如此紧张的今天，病理诊断要求很高，出了问题可绝不是小事啊！可仔细一想，刘彤华老师之所以敢于拍板，也正验证了一句古语——艺高人胆大。试想，如果没有那么高的学识，那么丰富的经验，那么多知识的积淀，就不可能有这样果敢的诊断。

学生任新瑜为此感慨道："有些临床医生有时可能会埋怨病理科耽误了他们的手术时间，可他们不知道，要快速准确诊断这样的疑难病理，岂止是十年苦读就能得来的啊！"

熟悉刘彤华的人知道，她关键时刻的"果敢"是由平时无数个"审慎"练就的。刘彤华看病理切片时，从来不先看别人的诊断结果，而是一定要自己先了解病史，然后再仔细观察切片，认真研究，深思熟虑后才下诊断结论。凡是没有把握的报告，刘彤华绝不会允许自己发出去，"发出去心里不踏实"。一旦有丝毫的疑问，她总是会把报告压下来，查书、查文献，直到有理有据、心中有十分把握后才下诊断。而对于特别疑难的、从来没见过，甚至连书上都查不到的病例，她还会在隔夜，甚至是隔 1 ~ 2 天后重新仔细阅片，在另一时间点、从新的角度来审视切片，通过反复观察、琢磨，以获得更准确的诊断。

而对那些实在难以明确具体疾病类型的诊断，刘彤华认为，对于这类诊断，只要良、恶性没有搞错，就有了指导临床的意义，具体什么分类可以以后再做研究。比如，她曾遇到过这样一个病例，有一个患者胃部靠近浆膜层的地方长了个肿瘤，最常见的是胃肠道间质肿瘤。这个病人免疫组织化学检测显示是神经源性的，但它又不是典型的神经纤维瘤、神经鞘瘤这一类，几次标记神经的抗体都是强阳性。刘彤华反复查书都没查到，但根据仔细观察后的形态诊断，可以确认它是神经来源的良性肿瘤。

"在病理诊断中，凡没有百分之百把握的，决不轻易下结论。她这种科学态度至今深深地影响着我。"中国工程院院士王正国[1]曾于1962年在北京协和医院病理科进修，接受过刘彤华老师的指导。他回忆说，当时他们作为进修生在观察切片时常常会漏掉一些主要的病变，甚至发生误诊，"刘老师看切片特别仔细，她有时要求我们重看，然后再一一给我们指出看错或看漏的地方。"

刘彤华认为，病理诊断关系到病人的治疗，要慎之又慎，不要强迫自己下结论，不要做超过自己业务水平的诊断，不要在临床医师或病人家属的催促下对把握不大的病例匆忙下结论。

刘彤华也常常面临要对许多有争议的病理诊断进行判定的情况。2006 年的一天，国内某医院一位副主任医师带着切片找刘彤华会诊。半年前他诊断的是脊膜黑色素细胞瘤（潜在恶性），半年后复发，科里另外一个医生诊断为恶性黑色素瘤，现在患者家属要追究他当时误诊的

1　王正国（1935—），福建漳州人，中国工程院院士、野战外科学专家、中国人民解放军陆军军医大学（原第三军医大学）野战外科研究所研究员、博士生导师。曾任国际交通医学会主席、中华医学会创伤学分会主任委员、中国人民解放军医学科学技术委员会常委等职务。

责任。医院和医生本人都想请刘彤华给主持公道。刘彤华花了近一个上午仔细看了切片，查看了病史。经过慎重思考后，刘彤华作出了如下病理诊断：第一次为黑色素细胞瘤，第二次为恶性黑色素瘤，考虑为第一次的黑色素细胞瘤恶变而来。这样的诊断既客观，又不损害病人利益，还解决了医疗纠纷。

事后，刘彤华对病理医生说，做病理工作必须就切片所见来进行客观诊断——哪怕临床医生说患者全肺都是癌，但送给你的组织中没有恶性成分，你也坚决不能迎合临床。在这个病例中，虽然半年后复发的是恶性黑色素瘤，推想第一次很可能就是恶性黑色素瘤，但第一次活检切片形态显示细胞异形性小，无核分裂，无坏死，也没能看到典型大核仁和瘤细胞浸润脑组织的情况，因此只能诊断潜在恶性的黑色素细胞瘤；而第二次的复发切片已具备了恶性指征。刘彤华说，我们不能耽误病人，也坚决不能因为要保护医生而指鹿为马。为了化解不必要的医疗纠纷，加上一句尚无定论的解释"考虑为第一次的黑色素细胞瘤恶变而来"即可化解矛盾。刘彤华认为，"重要的是要把医学科学和社会科学有机结合，减少矛盾，多为病人解决实际问题，而不是停留在不顾客观实际的责任追究。"

有病理医生曾这样评价刘彤华的诊断："她的表达总是简洁明了，但又蕴含着最多的信息。她注重细节，但又不拘泥于细节，她的意见已经超越了技术层面，上升为一种艺术。"

用时间的长度来换取知识的厚度

在刘彤华看来，病理诊断是一个认识过程。病理诊断要做到不出错，没有任何捷径可走，就要像胡正详教授以及很多协和老前辈那样持久深入地"钻"进去，多看、多学、多总结，用时间的长度来换取知识的厚度和深度。病理医生需要具备像福尔摩斯一样敏锐的洞察力和推理能力，而这首先需要练就一颗日复一日、年复一年耐得住寂寞、坚韧、沉静、强大的心。

在建科初期，病理科几乎所有类型的片子刘彤华都要自己看一遍。遇上疑难病例，她更是盯着显微镜用导师当年教给她的方法从全局到局部，再从局部到全局锲而不舍地反复看，一坐就是几个小时。有时候一张片子要连看好几天，力求准确、再准确，精准、再精准。她知道自己每天凝视的那一张张仅有7厘米大小的切片，隐匿着疾病的真相，承载着病人和家属焦虑不安的心情，左右着临床治疗决策的方向，关乎着千家万户的喜乐哀愁，也直接决定着病理人存在的价值。

1978年，鲁重美[1]考上研究生来到北京协和医院。导师张孝骞教授安排她去病理科学习，特别邀请已在病理诊断方面卓有成绩的刘彤华来指导她。多年后，让鲁重美教授依然记忆特别深刻的是："我无数次去病理科，每次去刘彤华老师的办公室，她都在伏案工作，或写书，或修改论文，或会诊，更多是在看显微镜，做疑难病诊断。"

1993年9月到1996年7月，刘彤华的博士研究生郭洪涛完成博士学业，毕业后留在协和医院病理科工作。在此之前，他已经从事了数年病理外检工作，"每天坚持8小时工作制，虽有时也会加班，但此后总会以此为理由休息一下。平均下来，一天读外检片子的时间也没有几个小时。每天工作完成后还感觉自己挺努力的，但来到协和医院病理科后，让我感到惊异的是，老师每天总是早早就到科里来了，而且走得很晚。她每天就是从早到晚盯在显微镜上读外检片子，工作的时间长达十几个小时！"眼见的这一切让郭洪涛十分不解，"要知道读外检片子可不是

1 鲁重美（1949—），湖南长沙人，消化病学专家、教授，博士研究生导师。曾任北京协和医院常务副院长（法人）、北京协和医院党委书记及中国协和医科大学副校长，师从著名医学家张孝骞和著名病理学家刘彤华。

1996年7月15日，郭洪涛（右）博士毕业和导师刘彤华（左）合影

什么享福的事，脑、眼和手都得用上——脑子里要想着诊断和鉴别诊断，眼睛要盯着上射的光源，手要不断推移着病理片子，腰还要老挺着，一个人这样操作，几个小时下来已经够受了，可刘彤华老师竟然一天十几个小时总是稳稳地坐在那里读外检片子！"在此之前，他从未见过有同事这么刻苦地看病理切片，更何况刘彤华老师这样一个著名的病理学家。同科的老师告诉他："刘老师每天都这样，几十年如一日"，这让郭洪涛大为震动。

1997年5月，郭洪涛到美国国立卫生研究院（National Institutes of Health，NIH）做博士后（现为美国杜克大学医学中心副教授）。随着时间的推移，在协和工作的一些经历感受渐渐有些淡忘了，但导师坐在显微镜下一动不动专注读片子的身影以及这画面背后呈现的某种令人感到敬畏的精神力量却越发清晰起来，且无时无刻不在鞭策着他继续努力。

看片子需要凝神静虑，除每天早晨7点以前到办公室读片外，刘彤

1993 年，刘彤华在北京协和医院病理科阅片

华把中午本应休息的时间也利用起来看切片。她发现，一般这个时候最安静，没别的事情打扰，最适合看片子。这个利用时间的好方法后来也被一些病理同行借鉴，解放军总医院病理科主任韦立新教授就说，受了刘彤华教授的影响，他自己及科内一些同志也常常照此办理，果然受益匪浅。

因为长年累月把眼睛盯在显微镜上，强光散射的光毒对刘彤华的眼睛造成了极大的损伤，她的眼睛经常流眼泪，平时需要戴上平光镜，七十多岁的时候不得不做了人工晶体置换手术。尽管如此，她并没有遵照医嘱远离光毒。在她看来，病理医生为病人做诊断靠的就是看显微镜的能力，离开了显微镜的病理医生，即便眼睛不出问题，又有什么存在的价值和意义呢？

除了看片子，刘彤华每天还有一项雷打不动的工作，就是浏览国内外最新的病理学相关文献和研究成果。她对每一个诊断，特别是疑难病例的诊断都要求查书、查文献（特别是英文文献），要求做到诊断有据。她说："每位病理医生一生所遇到的病例有限，借鉴别人的经验（新文献、新书籍等）可大大丰富自己的知识。"

在刘彤华的办公桌上、书柜里摆满了各种中英文的专业著作，案头也总是放着最新的英文原版书籍，这使得她能够随时掌握国际病理诊断最前沿的进展。她的学生许雅记得当年科里买了一本新的英文原版病理专著《软组织肿瘤》，刘彤华老师仅用一个周末的时间在家里就把这本厚厚的英文大书通读了一遍，这让许雅叹服不已。她对许雅说："要尽可能看英文原版的书，如果是翻译的书，一旦翻译有误，就会跟着它一起错了。"

刘彤华的一些在国外的学生回国前常会问她想要什么东西，她说："送别的礼物我不稀罕，要想让我高兴，送我书就行了。"她放在办公室里的东西，别人可以随便拿，但书柜她通常会看得比较紧，因为工作中她要随时查阅文献，如果需要的书籍被人拿走了，那是要她命的。

平时，她也会经常到图书馆去借阅《外科病理》（*Surgical Pathology*）、《现代病理》（*Mordern Pathology*）等学术杂志，看见好的文献、书籍，就会把题目以及核心内容写在一张张小卡片上，按内、外、妇、儿分好类，供以后需要时查询。刘彤华的抽屉里积攒了大量这样的小卡片，她年轻的时候没有电脑、网络，她自己就是靠这个笨办法不断学习积累学问的。

刘彤华曾用书里的知识明确诊断了两例罕见的淋巴组织细胞样间皮瘤。其中一例病理切片原本被诊断为淋巴瘤，但刘彤华看过之后发现切片表现出的形态和淋巴瘤并不完全吻合，在查阅书籍和做免疫组织化学染色之后，她发现这果然不是淋巴瘤，而是一种罕见的淋巴组织细胞样间皮瘤。当时全世界对该病的报道仅有 36 例，主要是胸膜淋巴组织细胞样间皮瘤，而此次刘彤华发现的是心包和腹膜淋巴组织细胞样间皮瘤。这在以前从未有过报道，均属世界首例。

2004 年的一天，曾在协和病理科工作过的钟定荣教授（后调至中日友好医院任病理科主任）遇到一例 52 岁的患者，因骨痛 7 年伴活动障碍并发现右股骨下端占位入院，手术后病理发现增生的纤维组织并见异常结晶沉积。由于对该病变不认识，钟定荣与上级医生一起以描述性诊断的方式发了病理诊断报告，提示可能为代谢性疾病。在病例讨论会上，这一诊断遭到临床医生的质疑。

带着疑问，钟定荣请教了刘彤华。第二天，刘彤华把他叫到办公室，从一个发黄的笔记本里翻出一个"342 805"的病理号，说："你把这个病理切片调出来看看，和你这个病变是同一类。"随后，刘彤华又从一叠文稿中抽出一篇交给钟定荣："这是该病例的个案报告，你看完后还给我。"

接过文章，钟定荣发现，

1993 年，刘彤华在办公室翻阅书籍

这是一篇由张孝骞教授和刘彤华教授合作完成并于 1980 年发表在《中华医学杂志》上的个案报告。也就是说，这个病例至少在 25 年前就已经由刘彤华诊断过了。她居然能如此准确地找出一个二十多年前的病理号！后来的文献查阅更让钟定荣吓了一跳：这个病例居然是由刘彤华诊断的中国首例肿瘤性骨软化症——这么多年来，她就像"猎手"一样，始终没有放弃对这类疾病的关注和追寻。

从刘彤华走入协和的第一天开始，她没有一天不坚持学习。有人这样形容刘彤华："时刻把自己当作一块干海绵，随时准备着吸收大量的水分。"

"三查五核对"确保病理诊断质量

在潜心做好疑难病理诊断的同时，作为科主任，刘彤华也把不断提升病理诊断质量作为病理科生存和发展的安身立命之本。

改革开放后，随着医生和技术人员逐渐到位、分工明确，刘彤华在科里建立了一套严格的质量管控措施。她要求科里每天要检查组织切片和／或细胞涂片的质量；定期比较冷冻切片和石蜡切片诊断的符合率和正确率；实行多级复查制，低年资病理医生初步诊断后，中及高年资病理医生要做二级复查，上级医生要对下级医生的诊断进行严格把关；定期抽样检查病理报告有无诊断差错和文字书写差错（包括诊断，患者的姓名、年龄和性别等）；遇到稍疑难或疑难病例首先要在科内会诊，必要时还要与院内有关科室会诊讨论，经过这样还不能确诊，应请有关专家会诊。

为了保证病理诊断报告能够正确、完整、及时地发出，她在科里明确提出病理诊断必须坚持"三查五核对"。三查：检查送检的申请单填写的是否完整；检查固定液是否满意；检查组织数量是否与申请单一致。五核对：取材前核对病理号、标本号、申请单号；取材结束核对取材标本盒、取材工作单号；包埋时核对组织块数与取材工作单是否一致；贴标签号时核对玻片与标签号是否一致；最后核对切片与组织块大小是否一致。刘彤华总对大家说："如果不核对，一旦把良性和恶性搞混了，那错一个等于就错两个。"

在刘彤华眼里，病理诊断质量取决于一套复杂工序流程上的每一个细小环节是否能严格按照要求平稳有序运行。在她看来，病理诊断质量的提升不是从看显微镜开始的，病理医生是否重视标本、取材，直接关乎后边的诊断。一些病理医生认为镜下形态是诊断的主要依据，常常重视显微镜下改变，而忽视大体形态，殊不知，许多标本特别是手术切除标本的大体形态和取材部位可直接影响诊断正确性，如手术切除的甲状腺，如果只重视大结节而忽视了小的白色硬结，就可导致微小乳头状癌的漏诊，大的卵巢肿瘤应做多个大切面观察，应在不同色泽和质地的部位取材检查，因卵巢肿瘤经常有混合型，只取少数瘤组织块儿不能代表肿瘤的全部成分，刘彤华经常对科里的医生说："取材是有很多讲究的。

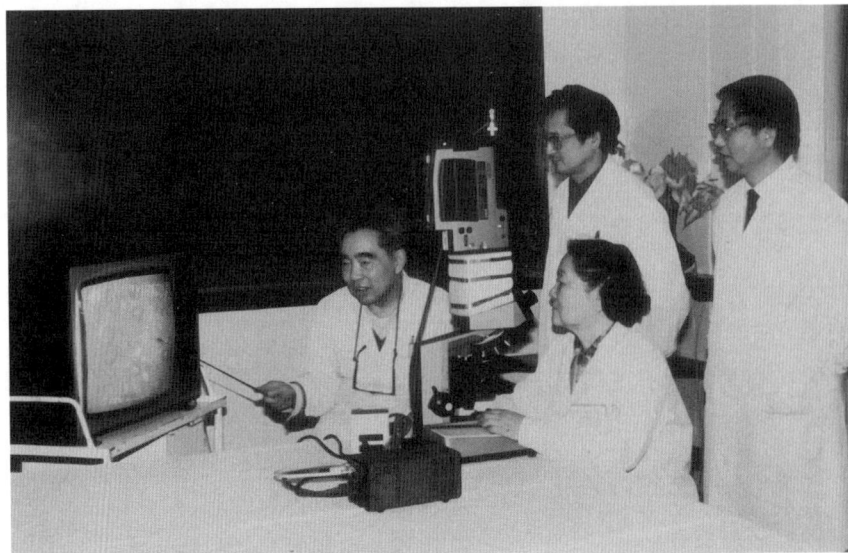

1991 年，北京协和医院病理科开展病理阅片
前排右：刘彤华；前排左：臧旭

对于检材，你怎样来分辨？你怎么找到最有价值的那块组织？别人取材如果取不到位，没有取到癌症部位的组织，你如果不知道的话，就容易误诊。自己看了大体，看了标本，做诊断就会容易得多"。

刘彤华坚持认为，对病理医生来说，取材、做标本的大体观察非常重要，临床送检的标本不管大小均应详细检查，如果一例标本有多件，则要对每一件都作切片观察。

当年，胡正详教授对于取材就有着严格的规定，要求刘彤华他们在取材时要做出详细记录。"如果你叙述太简单，就会丢失好多信息。其间，如有哪个环节有问题让老师看出来，他就会很不客气地让你重做。"受胡正详老师影响，她自己也整天喜欢围着标本转。当获知临床要做什么手术了，比如是她感兴趣的内分泌肿瘤，她就会密切关注手术的进展情况，心心念念盯着去看标本，迫切地希望马上切开组织，看看里面究竟发生了怎样的变化。在她眼里，小小的一块标本组织里隐藏了太多有关疾病和生命的秘密。一旦手术结束，标本下来了，她就连忙跑过去从各个角度对标本进行全面观察，取材、诊断后，她还会对一些病变典型、特殊或罕见的标本进行照相，留存资料。

在科里，她要求病理医生不能只是坐在那里看片子，越是年资高的医生越应该亲自下去看标本。"无论科技如何发达，做病理诊断，也最好是先从大标本开始看，再到显微镜下看，再下结论，而不是一上来就先看显微镜，如果有需要再回头去看大标本。"刘彤华说，对病理医生来说，如果能多到手术台上了解病人的手术情况，多了解标本的来源，会对诊断起到积极的作用。

病理诊断质量和病理技术水平息息相关。刘彤华认为制片（包括光镜、电镜、免疫组织化学和细胞学等）的质量直接影响病理诊断。她说，

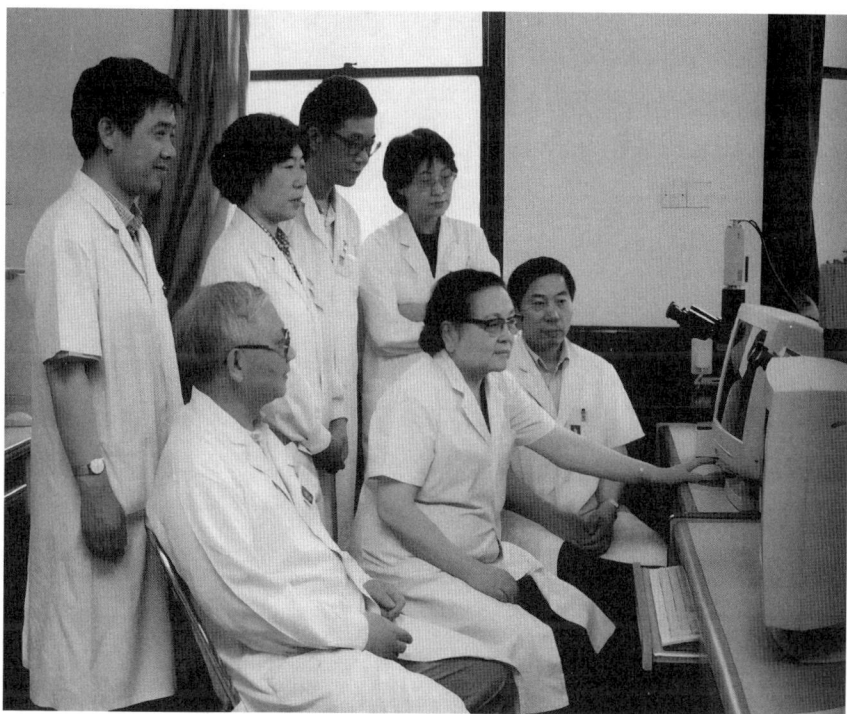

2001 年，北京协和医院病理科医生读片讨论
前排中：刘彤华；前排右：陈杰

一张质量差的 HE 切片 [1]、涂片、超薄切片、特殊染色和免疫组织化学染色片可误导病理医生产生错误诊断或陷入诊断困境，病理医生和技术员是同一战壕的战友，他们共同对诊断病理负责。技术员工作做好了，诊断就达到一半标准了。

老协和病理系建立之初就对制片质量要求极为严格。当年，胡正详教授之所以一气之下会忍不住把片子摔到地上，就是因为切片 HE 染色不过关。在胡正详教授看来，切片染出来的颜色如果红不红、蓝不蓝，这样的片子连组织、细胞都无法看清，更别说能做出正确诊断了。

当年，在胡正详教授对技术工作严格要求下，技术员对染色、切片等技术质量高度重视，他们在实践中发现，标本切片质量主要体现在脱水质量上，组织块脱水如果处理不好，切片质量就会有瑕疵。因此，技术员一旦发现组织脱水不好，就会主动回炉重做，坚决不把这样的片子拿给医生看。为了提升组织块脱水质量，路英杰他们摸索出来的办法是要多用一次酒精，从越低浓度的酒精开始制作，细胞萎缩得越少。当时条件艰苦，买不起纯酒精，路英杰他们就用 95% 的工业酒精自己蒸馏提纯，再来配制低浓度酒精。"如果这样做完了，大夫们觉着脂肪、骨髓、骨头、瘢痕什么的脱水还是不行，我们就拿回来再重新回炉，先把蜡块脱掉，再重新按照酒精浓度脱水步骤一步步制作，目的就是要保证切片质量，更好地满足医生们诊断和教学使用的需求。"老技术员路英杰回忆。

20 世纪 80 年代初，路英杰在协和医院电镜室工作的那几年，在病

1　HE 染色是苏木精 - 伊红染色（hematoxylin-eosin staining，HE staining）的简称，是石蜡切片技术里使用最广泛的染色方法。苏木精染液为碱性，主要使细胞核内的染色质与细胞质内的核酸着紫蓝色；伊红为酸性染料，主要使细胞质和细胞外基质中的成分着红色。通过这种染色技术，可以清晰地观察到细胞的各个部分：细胞核被染成鲜明的蓝色，而细胞浆则被染成不同程度的红色或粉红色，形成强烈的对比效果。经苏木精 - 伊红染色后的切片称为 HE 切片。

理科的支持下，曾组织分散在京城各医疗、教学单位的老协和病理科技术员一起编写出版了一本关于病理技术的书，对北京协和医院几十年积累的宝贵的病理技术与经验做了详细的总结。

在胡正详倡导的重视病理技术的氛围影响下，协和病理科技术员与医生相处十分和谐。路英杰回忆说："当时医生大多二十五六岁，技术员十七八岁，年纪相仿，下了班他们常常会聚在一起聊聊天。技术员通常会在下午四五点钟将片子做出来，医生们就比着谁先看完片子才能回家。如果晚上下班晚了，看到胡同有卖馄饨的，大家也会一起吃碗馄饨再回宿舍。"当时，还是助教的刘彤华也和技术员打成一片，在不断地学习实践中熟练掌握了从切片到染色的各个环节的病理技术。她相信，一个不懂技术的病理医生也不会成为真正优秀的病理医生。

作为一名病理技术人员，王德田与刘彤华共事多年，他有一个突出的感受就是刘彤华特别重视病理技术、尊重技术人员。作为科主任，刘彤华平时经常会与病理技术人员交流，协调技术人员与诊断医师之间的关系。她从来不把自己看作高高在上的教授、专家。"她的办公室离技术室很近，只要回头看一眼，技术室那边没人干活了，她过去就干，她把技术工作和诊断工作看作一体。因为她懂技术，说的也很在理，技术人员都会认真听，心服口服。"在刘彤华的领导下，技术人员在操作过程中严格遵循各项操作规程，为医生提供高质量的切片。

随着医学技术的发展，病理科的标本除了手术切除的标本和手术切除活检，大多是各种内镜活检、粗针穿刺活检和细针吸取细胞学检查的标本。标本越来越小，有一些活检标本仅有小米粒大小，这就要求病理医生在取材时更加仔细地检查，而技术人员则要拿出更高水平的制片技术。

刘彤华依据自己的经验为此做了细致的总结。她告诫科室人员，遇到有些小的内镜活检，首先要核对"块数"，如内镜医生注明"8块"，则应核实送检瓶内是否有"8块"。除检查瓶内标本外，还应检查在盖内是否还有标本，有时"漏网"的标本活检可能恰恰是病变的关键。小的标本如内镜活检应用纱布或滤纸或袋装茶叶的纸将其裹起来固定、脱水和浸蜡。特别小的标本应用伊红染色后再包裹固定、脱水和浸蜡，否则浸蜡后小标本与蜡混在一起不易辨认。这种小活检的切片要求技术人员用快刀切，并在载玻片上捞数个蜡片。病理医生看片时要对每一切片上的组织片仔细观察，有时常常会在某几个组织片中发现具有诊断意义的病变。

病理诊断质量的提高也离不开临床提示。在科里，刘彤华要求每个病理医生都要对应负责一个临床科室，赶上临床病理讨论会，她要求病理医生都要去参会学习。在她看来，和临床医生密切联系对提高诊断质量非常重要。

比如，有的临床医生不愿详细填写病理标本检查申请单，有的申请单除病人姓名外其他全是空白。这时，刘彤华就会告诫科里医生："应主动和临床医生沟通，请他们务必详细填写或告知必要的手术所见及实验室检查结果等临床资料和以往手术史等。一些典型的病变或许不需要病史就能诊断，但多数情况下，病理医生在做出诊断前需要参考病史，因为形态相似的肿瘤发生在不同部位，可能会做出不同的诊断，如儿童头面部的小细胞恶性肿瘤很可能是胚胎性横纹肌肉瘤，而发生在儿童肾上腺的小细胞恶性肿瘤则提示神经母细胞瘤的可能性大。"

为此，刘彤华还曾向大家举过这样一个例子来说明病理医生了解病史的重要性。一位39岁的女性，根据乳腺肿块手术切除标本诊断为腺癌（有小乳头形成）。但病理报告发出后，临床提供病史说患者两年前曾做过卵巢癌手术。病理科复核原卵巢癌切片和做免疫组织化学检查后，将乳腺肿块的病理诊断最后改为卵巢癌转移至乳腺。

此外，为了确保诊断质量，她也反复告诫病理医生，如果遇到送检组织样本量不足或组织被高度挤压，应和临床医师积极沟通后再送检，千万不要勉强自己做诊断。

作为诊断"金标准"，病理诊断是指导临床治疗的最终诊断，涉及各个系统，要求知识面非常广，这就要求病理医生不仅要了解自己的领域，还要及时了解临床、检验、影像学等相关学科的新知识。"科学技术日新月异，新的疾病和病变不断被发现，对已知的一些疾病和病变又有新的认识"，刘彤华说，"作为一名合格的病理医生，只有不断吸收新知识，认识新病变，才能把病理诊断提高到新的水平，使病理诊断能跟上时代发展的脚步。"

在国外，医学院校毕业的学生须培训 5 年才能成为低年资病理医生。国内虽无明确的培训时间，但医学院毕业的学生分配到病理科也要经过日常工作的培养锻炼，5 年后才能对一般常见的标本独立做出诊断。随着知识和经验的积累，高年资主治医生或更高阶段的医生才能独立签发报告和复查低年资病理医生的诊断。

在科里，刘彤华对不同年资的病理医生都会制定相应的成长计划。对 1 ~ 5 年住院医师的培养都有明确的要求和检查标准。如第一年，住院医师除完成临床病理工作外，至少要写一篇病例个案报道。第二年，住院医师则要求写一篇对某种疾病病例分析的文章等。早在 1969 年病理室创立时，刘彤华就定下来每周五上午要坚持业务学习的规定，这项制度被雷打不动地严格传承下来。

刘鸿瑞教授记得，当年科里有一位医生进行胃镜活检时由于没有做到观察切片中每个切面而漏诊。根据这一实例，刘彤华要求每个医生传阅病例，以实际的案例来教育大家，接受经验教训。"那时大家在业务学习中对所负责诊断的病例互相传阅，学术气氛浓厚而和谐。遇有疑难病例大家一起查书、查文献，写出初步诊断意见，最后交由主任拍板'定案'。"

在 1994 年《诊断病理学杂志》创刊号上，刘彤华曾围绕怎样做好诊断病理工作从 7 个方面进行了总结：加强与临床医生的联系；病理标本应仔细检查和取材；重视小活检和细胞学；制成质量合格的 HE 切片；

积极开展各种病理辅助检查；要善于总结经验；紧跟文献，获得最新信息，跟上时代。

在刘彤华对诊断质量的严格要求和对业务学习的积极倡导下，外地来的进修生、实习生、住院医师晚上都在科里废寝忘食地埋头学习。不仅如此，本院大夫也很少回家，而是选择留下来在科里学习到很晚。原因是大家在一起学习，可以有更多机会相互切磋交流并讨论工作中遇到的各种病例。那些日子，医院其他科室的人见到病理科的人总会忍不住发问："奇怪，你们科为什么一到夜晚总是灯火通明的？"

完成中国大陆首例艾滋病患者尸检

1985 年，北京协和医院王爱霞教授等报告了中国大陆发现的首例输入性艾滋病病例，一时国内媒体争相报道，举国震惊。在患者去世的第三天，北京协和医院病理科派出高年主治医师张慧信、住院医师崔全才[1]、负责尸检室工作的王若虹三位医师以及技术员，冒着被感染的风险，前往有传染病尸检条件的中国人民解放军 302 医院完成了这位外籍死者的尸检工作，为中国医学界认识和研究艾滋病留下了宝贵的第一手资料。

2012 年 12 月 5 日的《北京协和医院院报》上详细记载了这次尸检经过：1985 年 6 月 8 日下午 4 点左右，协和医院派出的两辆救护车从医院东门驶出，三位医师戴着口罩、帽子、手套，穿着隔离服，携带着解剖器械等设备，亲自将尸体搬上救护车，义无反顾地出发了。

1　崔全才（1955—），北京市人，主任医师、教授、硕士生导师。曾任北京协和医院病理科主任、北京市病理质量控制和改进中心主任、国家医学考试命题专家组副组长等。

此时距离国际上首例艾滋病发现时间还不长，国内很少有书籍介绍相关知识。已经明确的传播途径为血液和性传播，但黏液及呼吸道是否传播当时仍为未知数，这对参与尸检的三位医生和技术员是一个严峻的心理挑战。

作为病理科主任，刘彤华在给他们三人打气、鼓励的同时，也反复叮嘱他们在操作过程中做好防护，她还查找到了一本英文原版的著作给他们看，其中有一小段文字讲到了艾滋病的防护。

通常的尸检一定会留大体标本的照片，特别是对于首例艾滋病病例这样一个特殊病例。但在当时，一部照相机价值是非常可观的，一旦污染就太可惜。要不要带上照相机？三位老师一直很犹豫，考虑再三还是没带。为避免更多的人接触这一当时被认为的烈性污染源，解剖室只有他们三位进去。

5点钟为亡者摆好体位，鞠躬表示敬意，解剖正式开始。张慧信主治医师主刀，崔全才医师担任助手，王若虹负责缝合，切开后显露各个脏器，腹部脏器位置正常，肺体积增大、肺水肿，肝、脾体积明显增大。将不同器官解剖取出，逐个称重后切开，置入50厘米高的玻璃容器，福尔马林浸泡。在缝合的过程中，危险还是发生了，缝合针在肚皮上甩出的液体飞溅到了王若虹的眼中。简单冲洗及消毒后，王若虹继续坚持完成尸检工作。起初几年，王若虹还有些担心被感染，随着时间的推移，看着自己很健康的身体，一颗心才放了下来。

两周后，大瓶标本取回医院，包埋成蜡块再切片染色，共得到病理切片99张。张慧信、崔全才医师执笔撰写了病理报告，刘彤华在终审环节反复对切片和报告进行审核，最后在报告上郑重地签上了自己的名字。诊断报告的结论是：获得性免疫缺陷综合征，双肺卡氏囊虫性肺炎，双侧肾上腺巨细胞病毒感染，双肾上腺皮髓质广泛出血性坏死及多发性硬化，肺、脾及全身淋巴组织胞浆菌病；急性脾肿大，肝灶性坏死，脏器充血，脑水肿。

尸检结果出来后，北京协和医院组织举办了临床病理讨论会，放射科严洪珍医师、内科王爱霞医师、洪韵琳医师、董怡医师、病理科张慧信医师、刘彤华医师等参加了临床病理讨论会。讨论结果经洪韵琳、周德江（住院医师）整理，以"临床病理讨论第 96 例——发热、咳嗽、进行性呼吸困难"为题，发表在《中华内科杂志》1986 年第 25 卷第 7 期上。

如今，该患者 99 张病理切片被完好保存在切片库中，15 张显微镜下的黑白照片承载了协和病理科医生当年对患者全身疾病形态学研究的心血。经刘彤华终审签发的 13 页之多的病理诊断报告虽已泛黄，蓝色的油印字迹边缘也有些模糊，但留在上面准确无误的诊断结论依然清晰可见。

第一例艾滋病尸检为中国艾滋病防控事业作出了历史性贡献，也展现了协和病理人扎实过硬的业务素质。

1986 年，北京协和医院病理科在卫生部在京直属 11 个医院病理科对口检查中被评为第一名，病理科个人或集体也经常受到医院或中国医

1992 年 1 月，北京协和医院病理科先进集体合影
二排左四：刘彤华

学科学院的表彰和奖励。

20 世纪 90 年代初，内分泌学专家陆召麟教授出任北京协和医院院长，他回忆说："刘彤华做病理科主任严格公正，将科室管理得井井有条。科里那个时候特别团结，大家是心往一起想，劲儿往一处使，并注重与医院各临床科室的合作，在她的领导下，病理科连续多年被评为'先进科室'。"

1988 年，刘彤华荣获卫生部"有突出贡献的专家"称号；1991 年荣获国务院政府特殊津贴。

中国病理界有"三华"，北京协和医院的刘彤华、解放军总医院的李维华和四川大学华西医院的杨光华。1995 年，国际病理学会主席、国际著名外科病理学家、澳大利亚病理学家菲利普·艾伦（P.W.Allen）在 1995 年第 4 期《国际外科病理学杂志》上撰文详细介绍了"三华"并附上了相片，从此刘彤华盛名享誉海内外，成为业界的一座丰碑，学科的一面旗帜。

1994 年 10 月，中国病理界"三华"在广州参加全国病理会议合影

左一：李维华；左二：刘彤华；右一：杨光华

第五章

多科协作传佳话

在协和科研环境的熏陶下成长的刘彤华坚定地认为，病理研究的进步不仅会促进病理学事业的发展，也会直接带动临床治疗的进步。病理科的人才不仅要做能精确诊断疾病的病理医生，同时也应该成为研究型人才。

现代医学之父威廉·奥斯勒（William Osler）曾说："病理乃医学之本。"他强调病理学在医学中的重要作用，认为病理学的发展决定了医学的发展水平。

病理医生也应该成为研究型人才

在老协和病理系，医师人人都被要求做科学研究工作。科研工作是病理科培养人的重要手段之一，同时也是体现所谓"协和标准"的重要标志。

据北京协和医院病理科老主任王德修教授生前统计，1919—1942年，老协和病理系在国内外发表科研论文（单行本）共104篇，每年都有1～16篇不等，其中1919—1928年共14篇，1929—1941年共90篇。病理科的科研工作是大量、持续进行的，其中不少论文是与其他科室合作而成，如内科、外科、妇产科、儿科、神经科、骨科、泌尿科、微生物科、寄生虫科等。为了能让患者最大程度地获益，医院不同学科间努力打破藩篱，合作面宽广且有深度。同时，这些科研论文的题目大多来自常规工作中所发现的问题，学术质量较高，不少文章在当时有突破性，如胡正详教授对黑热病的发病、传播及病理形态学改变的研究，活体染色法应用于各种细胞性状、功能的研究，以及维生素A缺乏症皮肤病理论的研究等。此外，对杆菌性痢疾、回归热、骨疾病、肾脏疾病等也都有深入的病理研究，不少文章还被国外病理学文献采纳。

原第四军医大学刘彦仿教授生前回忆自己20世纪50年代初在协和医学院病理系高师班进修学习时，曾偶然间爬到病理系楼上堆放许多杂物的阁楼里，在那里见到很多散在的论文单行本。他随手翻看，发现许多篇是英文的，其中有一篇是关于组织细胞及单核细胞吞噬中性红颗粒的文章，上面写道："中性红颗粒散在分布于组织细胞的胞浆内，集中分布在大单核细胞的核旁。前者形成的异物巨细胞，后者形成的郎罕氏巨细胞仍然保持这个特点。"在 20 世纪 30 年代，协和病理系的医生就能发表如此深入的研究文章，令刘彦仿教授深感震撼。

在协和科研环境的熏陶下成长的刘彤华坚定地认为，病理研究的进步不仅会促进病理学事业的发展，也会直接带动临床治疗的进步。病理科的人才不仅要做能精确诊断疾病的病理医生，同时也应该成为研究型人才。

即便是在科室建立初期条件简陋、人手不足的艰苦条件下，刘彤华脑子里也始终绷着科研的"弦"。在全力以赴完成医院的尸检、外检病理诊断业务的同时，她也在用心搜集各类资料，在实践中不断积累、总结病理诊断经验，寻求各种有利的条件积极推进病理学术科研的发展，在持续不懈的诊断实践中，也留下了一段段为业界赞叹的病理与临床合作的佳话。

"刘大夫的工作受到官方赞扬，包括外国专家"

20 世纪 70 年代，因为在一些患者淋巴结里发现了很多组织细胞像碎片一样地坏死，医学界当时倾向于认为淋巴结里有坏死就是恶性的，因此这样的淋巴结表现一般都会被诊断为淋巴瘤，许多病人因此会去接受放疗、化疗。

但刘彤华在反复看片子的过程中，总觉得这样的淋巴结表现和淋巴瘤还是有些不同之处。一个切下来的淋巴结，病理诊断可以是炎症、反应性增生、淋巴瘤、转移癌，其中最难诊断的就是反应性增生。

刘彤华不想放过这一点点细微的不同，她主动去找医院血液科张之南和刘尔坤等临床医生一起分析研究，同时也联合随诊了一些病人。结果，他们发现这些随诊患者预后很好。经过深入反复观察、研究，他们得出了结论：这类淋巴结病变表现只是良性的反应性增生。实际上，有些组织坏死只是一个病毒感染或者感染反应的结果，不用治疗，过一阵儿它自己就会慢慢恢复了。刘彤华和张之南、刘尔坤一起总结了一组30例临床和病理极像淋巴瘤的淋巴结组织细胞反应性增生性病变，并合作完成了论文。

遗憾的是，受"文革"的限制，他们合作完成的论文不能发表。而到1979年，他们在《中华内科杂志》以《淋巴结反应性增生（30例颈、腋淋巴结活检的临床病理分析）》（刘彤华为第一作者）为题发表该研究成果时，日本学者已先于他们发表，并以作者的名字将这类疾病命名为"Kikuchi病（菊池病）"，即组织细胞坏死性淋巴结炎。

如果当时没有发表文章的限制，北京协和医院应该是该疾病表现的最早发现者。虽然没有获得最早发表的优先权，但这次与临床合作开展的研究，增强了刘彤华他们对淋巴结反应性增生的认识，积累了宝贵的经验，也为以后不断创新奠定了基础。

炎症性肠病在全球范围内的发病率逐年升高，既可全消化道受累，又可呈现多种肠外表现，不仅给患者带来巨大痛苦，而且给社会经济造成极大负担，又被称为"绿色癌症"。其中，克罗恩病（Crohn disease）是炎症性肠病的一种，好发于西方人群，在20世纪70年代的中国属于"罕见病"，当其累及回盲部时，需要与多种疾病相鉴别，至今仍是肠病诊断中的难点。

1979年，中国开放的大门刚刚打开，英国皇家内科医学院主席、消化病理学家莫森教授和英国皇家内科医学院副主席、消化病及内窥镜专家科顿教授来访北京协和医院。对"文革"后首批来访协和医院的外宾，医院非常重视，由冯传宜副院长、内科张孝骞主任和外科曾宪九主任亲自接待，英文出色的刘彤华则担任翻译。

莫森教授是国际著名的消化病理专家，当时印度学者发表论文总结印度克罗恩病的特点，莫森教授亲自审核对方的病理图片与临床资料，

1979 年 10 月，英国医师来访时在北京协和医院西门前庭留影
前排左起：冯传宜、科顿教授（英国伦敦米德尔塞克斯医院内科医师）、莫森教授（英国伦敦圣马克医院病理医师）、张孝骞；后排左起：刘彤华、陈敏章、张铁樑、潘国宗

指出其中绝大多数为肠结核误诊。基于当时远东地区结核病高发的状况，莫森教授进一步推论认为，"远东地区没有真正的克罗恩病，只有被误诊的肠结核。"

尽管对方是国际权威，但他的这个判断并不能令刘彤华信服。她相信正确的诊断并不仅仅来源于病理，而是应该与临床特征紧密结合。她找到消化内科的潘国宗一起合作，回顾总结协和医院历史上诊断的 60 例克罗恩病。他们将这 60 例患者的病案和病理科保存的相关病理标本进行了细致梳理，潘国宗负责总结病案中的临床特征，刘彤华则复核全部病理标本，并归纳其病理特点，得出结论是这 60 例克罗恩病无一误诊。

面对令人激动的初步结论，刘彤华表现出了极为严谨的治学态度。

她进一步将这 60 例克罗恩病细分为有肠道手术病理的 40 例，和仅有活检病理的 20 例。刘彤华对 40 例手术病理切片反复进行镜下观察，发现其淋巴结标本里都没有找到结核病灶。"如果说是肠结核，肠壁里可以没有结核，但是淋巴结里肯定要有结核。另外，虽然肠结核病变跟克罗恩病形态几乎完全一样，但放在显微镜下仔细看，还是能看出二者细微的区别。"刘彤华将这 40 例称为"确诊克罗恩病"，将缺乏淋巴结标本的另外 20 例称为"高度可疑克罗恩病"。

莫森教授一行来协和后，刘彤华请他看了所有的病理切片，并把自己分析的结果一一讲给莫森教授听。莫森教授很惊讶地看着刘彤华，眼前这位说一口流利英语的女医生摆出的这些清晰的诊断依据无可辩驳，他连连点头表示赞同。在认真复核了所有病例的临床和病理资料后，莫森教授心服口服，同时也对刘彤华将缺乏淋巴结标本根据典型活检病理表现诊断的克罗恩病称为"高度可疑克罗恩病"的严谨态度表示了赞赏。他表示认可全部 60 例克罗恩病的诊断，收回了之前自己关于"远东没有克罗恩病"的断言。

刘彤华、潘国宗根据自己所做的研究，结合两位英国专家来华的讲学，进一步梳理提炼出克罗恩病和肠结核的鉴别诊断要点，于 1980 年集中写成三篇文章发表在《中华内科杂志》上。这三篇文章至今仍是克罗恩病与肠结核鉴别的经典文献，也是国内最早系统总结克罗恩病病理诊断的论文，被多版内科学教材引用，至今仍然指导着炎症性肠病的临床实践。

刘彤华在病理诊断方面的出色表现给莫森教授的中国之行留下了深刻印象。1983 年，在刘彤华晋升研究员时，张孝骞教授在鉴定评语中曾专门提到这一点："刘大夫的工作受到官方赞扬，包括外国专家（我曾亲自听到英国著名病理学家莫森教授的高度评语）。"

而在 3 年前，张孝骞和刘彤华等也合作完成了中国首例肿瘤性骨软化症的个案报道，刘彤华出色的病理诊断能力令张孝骞十分赞叹。

那还是在 1977 年 10 月，一位来自吉林省的 47 岁的男病人辗转来到北京协和医院求医。在三年多的时间里他双腿沉重、腰痛，反复发生骨折，甚至连挤公交车跟其他人磕碰一下也会肋骨骨折。最后，他完全丧失了行走能力，被迫长期卧床。承受着疾病巨大痛楚的他，对协和医院寄予了最后的诊治希望。

入院后经骨科初步检查，发现这位患者存在骨软化症。骨软化症是一种罕见病，由于骨骼中的钙、磷或维生素 D 含量不足，骨骼会变得非常脆弱。通常这个病用维生素 D 来治疗效果会很好，但很奇怪，该治疗方法在这位患者身上无效，骨软化症的病因始终没有找到。时间一天天过去，患者病情还在不断加重，于是科里请来张孝骞主任给病人会诊。

张孝骞主任来到患者床旁，仔细询问病史，在为患者做体格检查时，在其右侧腹股沟摸到了一个包块，他回过头对身边年轻的医生意味深长地说："这个包块，很可能就是患者的病因。"大家非常惊讶，这个包块难道就是造成骨软化症的罪魁祸首吗？那如何证实包块和骨折之间的关联？外科朱预大夫亲自为病人做了手术，病理检查则交由刘彤华来完成。在显微镜下反复对标本组织进行检查后，刘彤华拿出了最终的病理诊断：这是一例极为罕见的间叶组织肿瘤，肿瘤分泌了大量的生物活性物质，进而造成了骨软化症。刘彤华所做的病理诊断和张孝骞主任的术前判断完全一致。令人欣慰的是，患者手术治疗后血钙、血磷水平低下的情况迅即得到纠正，不久就能下地行走了。

张孝骞、朱预和刘彤华等专家对这一珍贵的病例进行了详尽的分析和总结。1980 年，他们合作撰写的《间叶瘤合并抗维生素 D 的低血磷软骨病一例报告》在《中华医学杂志》上发表。

肿瘤相关性低磷骨软化症作为罕见病，临床表现复杂多变，误诊误治率高，截至 2017 年 3 月，国内报道不过百例，而在张孝骞和刘彤华等学者做出诊断的 1977 年，全世界仅报道 7 例，该例成为第八例。多年后，当大家提到这个经典病例时，都会不由得地感叹，这个病人能成功获救要归功于协和多学科协作的优良传统。

制定了活检胃黏膜病理诊断标准

以临床问题为导向，用科学研究的态度对待每一次病理诊断，让患者实实在在地获益，这是作为协和人的刘彤华始终践行的科学理念。

病理诊断对胃肠道肿瘤的确诊有着决定性的意义。比如结肠息肉，它可以是炎症性的假息肉，可以是腺瘤，也可以是癌，还有的表面上还是腺瘤，但底部已经癌变了，所有这些都需要由病理来进行最后的确诊。

1972 年，在陈敏章的积极努力推动下，日本专家藤田教授带着当时世界上最先进的软式纤维胃肠镜来北京协和医院进行学术交流，陈敏章和他一起，联手为一位患者进行胃肠镜检查。路英杰记得，那位患者手术取下的肠息肉很大，当时陈敏章手术刚一结束就立刻拿着标本到病理科，神色有些急切地说："日本专家在医院可能待不了多久，希望能尽快完成病理诊断。"

刘彤华和路英杰拿到息肉标本后，二话没说，马上对组织标本进行脱水、固定，之后立刻进行切片、染色并阅片，苦战一个通宵。次日一早，他们向日方展示了最终的病理诊断结果：息肉是良性的，没有发生癌变。当藤田教授看到这个结果后，惊叹并感动于协和医院病理诊断竟有如此之高的效率，也对病理科与临床科室的紧密合作表示羡慕。

协和医院引入纤维胃肠镜后，以陈敏章为代表的消化内镜医师开始借助胃肠镜来检查患者消化道黏膜是否有病变。如发现有病变，便取活检，交给刘彤华去进行病理诊断，他们之间也由此开始了细致而深入的合作。那时，不但消化内镜技术的应用在国内刚刚起步，而且在如何取黏膜活检和判读病理方面，国内也是一片空白。在什么地方取、如何取、怎么看，这些问题对病理科医生而言都需要从头学起。

刘彤华并不是一个只会守着显微镜的病理医生，而是时刻坚持将病理诊断与临床实践紧密结合。她一边阅读大量临床书籍和文献，一边每天泡在内镜室向消化科医生学习如何看内镜。她和陈敏章一起透过胃肠镜观察病变的白光影像，记录陈敏章每次活检的精确部位，活检组织制片后阅片并复盘活检部位与诊断阳性率的关系，比如，胃溃疡如果光取溃疡表面的组织，可能都是坏死的东西。这时就要再往深处取一点儿，那个地方可能取出来的是一个肉芽，恰恰癌组织可能就在那儿。

经过反复地观察、实践、比较，刘彤华发现，在凹的地方取，在好组织和坏组织交界的地方取，病理诊断效果最好、最有效。正是在和临床不断合作、交流实践中，刘彤华在国内率先规范了消化内镜黏膜活检的取材方式——在溃疡交界的地方取活检更易取到有病变的组织，并进一步制定了活检胃黏膜病理诊断标准。这一诊断标准一直沿用至今，显著提高了早期胃癌的检出率。

刘彤华与消化内科、基本外科的紧密合作，促进了协和多学科诊疗团队的建设。陈敏章、曾宪九和刘彤华先后共同成立了克罗恩病协作组、胰腺协作组、早期胃癌协作组等多个多学科团队。每周，协作组成员都要结合病例进行分析讨论。和所有临床病理讨论会程序一样，病理医生通常压轴出场。消化内科陆星华[1]回忆胰腺协作组的讨论会，她印象中的刘彤华发言时话不多，但具有很强的说服力，每当她发言时，大家都会仔细地听、认真地记。当临床和病理出现不同看法时，刘彤华会在会后再次对切片做进一步的观察、分析，最后得出令所有人信服的诊断结论。在北京协和医院消化内科杨红医生的记忆中，刘彤华老师特别喜欢听取临床医生的意见，虽然她站在病理学科的学术高点上，但从不独断

1　陆星华（1936—），上海人，北京协和医院消化内科主任医师，内科学教授，博士研究生导师。

专行，而总是与消化领域的教授、主治医师、住院医师乃至实习医师探讨每一个有疑点的病例。

那个年代，病理和临床密切协作，相互间彼此尊重信任。作为病理科的常客，陈敏章身着白大衣清瘦干练的身影常常闪现在刘彤华的记忆中。陈敏章和刘彤华年龄相仿，毕业于上海第二医学院（今上海交通大学医学院），说起来两人也算是校友（圣约翰大学医学院后并入上海第二医学院）。平时他们彼此间交流很多，合作起来也默契顺畅。尽管陈敏章以后调任至卫生部，只要有空，他也经常回病理科和大家毫无拘束地聊天、交流。在刘彤华眼里，陈敏章聪明、能干，是一个非常出色优秀的内科医生。在北京协和医院，他带头开展了多项新技术应用，包括胃肠镜、内镜逆行胰胆管造影术等，提升了协和消化内科的技术水平，也助力了兄弟科室的业务发展。

1999 年，陈敏章因患胰腺癌不幸离世。每每提到此事，刘彤华的言语神情中都会流露出深深的惋惜之情。

1981 年 11 月 3 日，参加山东省消化会议留影
前排左：刘彤华；前排右：陈敏章

令人称道的是，当年刘彤华领导病理科和消化内科建立起的良好协作关系，在时隔半个多世纪的今天仍然在持续。21 世纪伊始，北京协和医院消化内科在国内率先开展早期胃癌的内镜下精确诊断与内镜下黏膜剥离术（endoscopic submucosal dissection，ESD）治疗，早期胃癌检出率和治愈率逐年提高。为了明确病变的分型和手术的有效性，精准指导术后治疗，病理科与消化内科通力合作，从第一例 ESD 手术开始，病理科就组建了 ESD 小组，所有 ESD 标本由小组成员处理并签发报告，保证标本处理的规范性。通过多年的摸索和改进，ESD 小组在大体照相、取材、分组包埋、诊断、数字化切片等方面已建立了一整套规范化的流程。为了减轻医师的工作负担，提高图像复原的准确率，病理科还与其他单位合作研发了一套基于人工智能技术的早期胃癌 ESD 病理辅助诊断系统，令病理诊断更为精确。

参加胰腺协作组，开启胰腺疾病研究之路

时光回到 1977 年，刘彤华在那一年迎来了她病理生涯中一个重要的时刻，那就是参加北京协和医院胰腺协作组。

"文革"结束后，刚刚恢复职务的曾宪九主任就在积极谋划外科学系的恢复和今后的发展方向。一次，他把学生钟守先[1]叫到办公室，对他说："咱们外科有较多的诊断和治疗胰腺内分泌肿瘤和胰腺癌的经验，我们把发展的重点放到胰腺病上，你看怎么样？"

在钟守先眼里，老师曾宪九主任是一位不可多得的知识渊博、技术精湛的外科临床学家。他在普通外科的各个领域都有很深的造诣，对胰腺外科更是兴趣浓厚。早在 20 世纪 50 年代初，他就开始研究急性胰腺炎及胰瘘，在国内最先应用索莫吉法（Somogyi 法）诊断急性胰腺炎，

1　钟守先（1934—），浙江绍兴人，北京协和医院外科教授，曾任北京协和医院基本外科主任、外科学系主任。曾任中华医学会会员、国际外科协会会员、中华医学会北京外科分会副主任委员，全国胰腺外科学组副主任委员等职务。

并开展了对胰腺内分泌肿瘤的诊治。他也是国内最早（1951 年）开展胰十二指肠切除术的外科专家之一。"文革"以前，他已在胰腺疾病的诊治上积累了相当丰富的经验，在多发性胰岛素瘤的治疗、术中血糖监测、盲目胰体尾切除术以及胰岛增生的诊治等问题上都有新的见解，在重症急性胰腺炎手术及胰十二指肠切除术中防止胰瘘发生等方面都有独到的方法。作为曾宪九主任的学生，钟守先认为老师审时度势，当时把临床的重点放在胰腺外科上的设想是非常有远见的。

北京协和医院于国内较早开展胰腺神经内分泌肿瘤，特别是胰岛细胞瘤的研究和临床工作，曾宪九自 20 世纪 50 年代起已积累了超过 100 例胰岛细胞瘤的诊治经验。1977 年，在时任中国医学科学院院长黄家驷的支持下，他倡导和领衔建立了胰腺协作组，树立了中国开展疑难疾病多学科诊治团队模式的典范。协作组成员内科有张孝骞、陈敏章、陆星华等；外科有曾宪九、钟守先、张建希；放射科有张铁樑、赵玉祥；病理科有刘彤华；超声科有张缙熙。同时，在基本外科中还成立了有 12 张床位的胰腺外科组，并在全国率先明确提出胰腺疾病应集中收治、专人手术的原则。

胰腺协作组的成立，为刘彤华开启了对胰腺疾病特别是胰腺癌的病理研究之门。当时的她或许还没有意识到，走进这扇门，等待她的将是病理研究中最为艰难的一条路。此后 40 年，她在这条路上一路探索跋涉，再也没有停下过脚步。

胰腺是人体非常重要的器官，其功能十分复杂。胰腺位置比较深，它紧贴着人的后背，靠近脊椎，位于腹腔腹膜后，周围有胃、十二指肠、肝脏、肾脏等器官遮挡，腹部触诊一般摸不到，手术时要将胃翻起来才能看到。胰腺手术难度很大，因为做不好就会发生胰瘘，而一旦出现胰瘘就很难收拾。胰腺手术通常很大，在切除胰头肿瘤的同时，也常常要把十二指肠和胃一起切除。胰腺手术是外科领域公认的一大难点，手术面临诸多困难和挑战。

比如，当时胰腺手术在区别胰腺癌和慢性胰腺炎方面就常常遭遇进退维谷的困境。钟守先教授回忆说："那时影像学还不发达，B超也刚刚发展不久，外科手术中探查肿物的性质很困难，触到一个硬硬的结节，是癌，还是炎症，很难判断。我们切一块送病理——术中冰冻，报告没有癌，是炎症。但事实上，胰腺癌常合并炎症，表面仅表现为炎症，对于炎症的病变，我们不轻易做大手术，但过两三个月后，肿瘤迅疾扩散到全身，当时连续遇到3例这样的情况，即术中冰冻诊断是炎症，但由于取材局限，未能取到真正的肿瘤，而结果恰恰证实最后是癌。之后，外科方面又考虑会不会是早期的癌。于是，根据临床有黄疸的病史，尽管术中冰冻病理诊断为炎症，我们还是按早期病变实施手术切除，可术后病理充分取材后发现仍是炎症，虽然这样的手术不算错，病人也恢复得很好，但毕竟是大手术，对病人身体的伤害大。"

此外，在胰岛细胞瘤的手术问题上，外科也遇到了同样的问题。刘彤华说："胰岛细胞瘤多数是良性的，但也有恶性的。胰岛细胞瘤大小仅有一厘米左右，长得跟一个淋巴结差不多，二者形态上特别像，在手术台上，医生往往搞不清楚哪个是肿瘤、哪个是淋巴结。以往为了避免切错，主要是通过冰冻切片进行术中病理诊断。胰腺病变之所以不容易被发现，主要是因为胰腺位置深，而这样一个小东西卡在胰腺里面，术中冰冻组织一旦取多了就极有可能发生胰瘘。这样高难度的切取病变组织的操作，当时国内外科界也就是曾宪九主任他们可以实施操作。"

参加协作组后，在曾宪九教授的带领下，刘彤华围绕胰腺外科面临的诸多难题开始了一系列病理探索和研究。

20世纪70年代末，曾宪九教授就曾提出要开展细针穿刺吸取活检，亦称细针穿刺吸取细胞学检查（fine-needle aspiration cytology，FNAC），当时国际上只有北欧能开展此项技术。细针的外径只有0.6～0.9毫米，由于针细、损伤小，吸出的细胞是存活的，所以制成涂片后较脱落细胞学（细胞常退化）更易诊断。

刘彤华在认真学习该项技术的过程中，惊喜地发现用细针穿刺出来的组织制成一张薄而均匀的涂片，呈现效果特别好。细针穿刺后做成的涂片细胞和原来细胞大小差不多，而手术切除的标本组织，因为要经过脱水、包埋等程序，切片后细胞会缩小。有一次，因为冰冻切片标本量不够，刘彤华就在手术台上用细针吸取了一些胰腺组织，涂片后的观察结果让她眼前一亮："这个涂片细胞很特别，它不是胰腺细胞，因为胰腺细胞里边会有紫色的外分泌颗粒，但同时它看起来也不像内分泌细胞，倒像是淋巴结。尽管淋巴结和胰岛素瘤细胞有相似的地方，但如果在显微镜下仔细观察，会发现淋巴细胞跟胰岛素瘤细胞两个的涂片是完全不一样的。既然穿刺涂片看得很清楚，这就意味着可以不用再活检做切片了，通过细针穿刺就很容易知道哪个是胰岛细胞，哪个是淋巴结。"

刘彤华利用细针穿刺所做的这个病理鉴别诊断，为后续临床的相关胰岛细胞瘤手术提供了极为有力的支持。刘彤华配合曾宪九主任开展的术中直视下胰腺肿瘤细针穿刺或术前经皮经腹腔穿刺胰腺，取代了术中冰冻，避免了手术台上因为切取冰冻组织导致形成胰瘘的危险，可以快速诊断胰腺癌、胰岛素瘤，尤其是对胰岛细胞瘤的正确诊断率几乎可以达到 100%。更令人欣慰的是，由于刘彤华具备丰富的细胞学诊断经验，她所做的细胞学检查很少有假阳性，只要穿刺到肿瘤组织，她就能准确报出瘤细胞。

北京协和医院在国内最早开展细针穿刺吸取活检术 FNA/B，当时该项技术在国际上也处于领先地位（美国医学界还未普遍接受该技术）。此后，该技术就成为协和医院的常规，病理科会派专人到手术室做细针穿刺细胞学涂片，这一经验也迅速被推广至全国各大医院。目前，细针穿刺技术几乎已能用于穿刺全身所有部位的肿瘤。

著名病理学家、中国科学院院士卞修武教授[1]曾评价说，穿刺病理在整个大病理领域是一个非常重要的方面，是医学微创甚至无创理念在病理领域的一个应用或者体现。刘彤华教授在国内率先实践运用这一新技术，对推动病理学事业的进步，乃至推动整个内外科医学的发展都起到了非常重要的引领作用。

在钟守先诊治的病人中，有些患者临床表现为血糖很低，钟守先反复考虑是否存在胰岛细胞瘤，但术中探查却未见肿瘤。既往也只能盲切，但盲切的成功率也很低。在参加胰腺协作组的过程中，当刘彤华了解到这一难题时，她通过深入的病理研究，提出了关于胰岛增生病变导致低血糖的观点，很好地解决了这类病人的诊断。此外，为了确定胰岛增生的形态变化，刘彤华还领导她的研究小组率先在国内以形态计量法建立了胰岛增生的诊断标准（当时只有协和医院开展胰十二指肠切除术），这些研究成果对临床开展胰腺手术治疗有着很高的实用价值。

围绕胰岛增生和胰岛素瘤诊断研究，刘彤华发表了一系列高水平的研究论文。1980年，刘彤华围绕胰岛增生和胰岛素瘤诊断的病理研究获得卫生部科技进步奖一等奖（刘彤华是第三作者）。

胰腺癌是所有肿瘤中最凶险也是最难治的。由于胰腺特殊的生理位置，早期胰腺癌很难被发现，有症状被发现时大多是晚期，有一半的病例出现淋巴结转移，外科很难切除。即便手术切除，复发率也很高，5年生存率不到5%，因此胰腺癌也被称为"癌中之王"。胰腺癌可以发生在胰头部，也可以发生在胰尾部。胰头因为靠近胆总管，癌变后会引起胆总管压迫，进而引发黄疸症状，黄疸也被认为是胰头癌最明显的临床症状之一。胰头癌为什么会引起黄疸？刘彤华循着这个疑问，开始了对

---

1 卞修武（1963—），安徽寿县人，著名病理学家，中国科学院院士，中国人民解放军陆军军医大学第一附属医院教授、博士生导师、主任医师，全军临床病理学研究所所长，中华医学会病理学分会第十一届委员会主任委员。

胰头 - 壶腹癌细胞病理学特点、组织病理学特点、组织学起源的深入研究。

在曾宪九主任的主导下，胰腺外科胰头癌手术切除病例相对较多，这为刘彤华提供了大量可供研究的组织标本。在对大体及组织形态学深入观察的基础上，刘彤华带领研究小组通过对数十例胰头癌、壶腹癌[1]和胰内胆总管癌进行观察比较后发现，胰头癌发病有一个特点，就是它总会呈环形方式浸润胰内胆总管壁。这段胆管管腔很窄，壁很厚，可通过显微镜明显看到胰内胆总管变得如同橡皮管一样厚，胆管壁里癌细胞浸润非常明显，刘彤华研究小组将这一现象称为环形壁内浸润（围管现象）。进一步研究发现，93% 的胰头癌都会发生环形壁内浸润的情况。胰头癌发生的部位不一定靠近胆管，但是胆管也会出现这样的浸润，说明它并不是直接浸润，而极有可能是经过淋巴管浸润。而正是这种特殊的环形壁内浸润方式侵犯了胰内胆总管，造成胆总管管腔狭窄，从而引发梗阻性黄疸，进而解释了部分胰头癌早期侵犯胆总管造成黄疸的机理。在此之前，胰头癌侵犯胆总管的病理基础和造成进行性梗阻性黄疸的机理一直是国内外学术界没有完全阐明的问题。

刘彤华研究小组进一步发现，黄疸症状在胰头癌早期也可出现。当时医学界一般认为，胰头癌引起梗阻性黄疸时已是癌症晚期，不适合再做手术治疗。刘彤华研究小组的这一发现彻底打破了"发现黄疸即为肿瘤晚期，不能进行手术"的陈旧观念，为部分患者赢得了手术治疗的机会，从而延长了他们的生命。

1985 年，刘彤华在国内外首先提出胰内胆总管环形壁内浸润是胰头癌的一种特殊的生物学行为，并且提出了一个全新的观点，即黄疸的出现不一定是晚期胰头癌的表现。这一发现有助于临床医师、影像医师和病理医师早期诊断胰头癌，也为胰头癌和慢性胰腺炎的鉴别诊断提出

---

1 胰管和胆总管在十二指肠的开口处就是壶腹，胆汁和胰腺分泌的酶就从这里进入肠道，在这儿发生的癌变叫作壶腹癌。

了有力的依据。该研究获得卫生部1985年科技进步奖二等奖（刘彤华为第一作者）。

忆及当年的胰腺协作研究，钟守先曾感慨地说："刘彤华老师的工作对外科临床帮助很大，她总是能密切结合外科临床的需要，帮助他们解决临床中遇到的具体的、实际的、棘手的问题。"外科与病理科协作开展的胰头细针吸取细胞学检查、胰岛肿瘤与增生的鉴别、非功能性胰岛细胞瘤和功能性胰岛细胞瘤的临床和病理表现、胰头癌和胰头局限性慢性胰腺炎的鉴别、经皮经肝胆道造影置管胆汁引流、经皮经肝门脉置管分段取血测定胰腺激素、胰岛素快速测定法、重症急性胰腺炎的术式改进等，在当时都处于国内领先或国际先进地位。刘彤华的工作提高了胰腺癌、胰腺内分泌肿瘤的诊治水平，同时也推动了病理学科中细胞病理及胰腺病理的发展。

在钟守先的印象中，刘彤华对协作组的工作非常认真，在每周进行的疑难病例会诊讨论中，她对胰腺疾病术中取材及相关病理诊断方面的问题，总能给出准确的回答。

"刘彤华平时话不多，看似有些不太好接近，但随着接触的增多，你会发现她非常平易近人。"钟守先平时在临床上遇到一些问题尤其是病理方面的问题，如为什么原来的恶性胰岛细胞瘤现在称为胰岛细胞癌，它们之间有什么区别等，他就会直接去病理科找她，每次刘彤华总是会放下手头的工作，给予他认真、耐心地解答，还带着他一起看显微镜下的病理切片，边看边给他进行分析讲解。

刘彤华说，在参加胰腺协作组与临床的合作中，她自己也受益良多，尤其是和曾宪九主任的合作让她终生难忘。曾宪九主任个子不高，但很健壮，戴着一副玳瑁色眼镜，眼睛总是炯炯有神。那时，他手术后常常连白大衣都来不及穿，就捧着标本直接下楼，来病理科与刘彤华一起就组织病变进行分析探讨。在刘彤华眼里，曾宪九主任为人善良，心眼儿非常好，对待科研工作极其严谨，工作细致，实事求是，特别善于接受新的学术思想和新的技术。

在和曾宪九主任协作开展胰腺研究的过程中，刘彤华从他身上学到了很多科研方法、思路和撰写论文的方法。比如，让她记忆深刻的是，曾主任曾告诉她："写文章要少而精，要把不需要的东西删掉，把所有的东西都塞进文章里肯定不行，要把特点精华写出来，这样人家才能接受你（的观点）。"刘彤华写的关于胰岛素瘤和胰岛增生的文章交给曾宪九主任审阅，曾主任看了，觉得内容很扎实，但题目一般，不够吸引人，于是帮她把题目改成"低血糖？是胰岛增生还是胰岛瘤？"刘彤华看了连连点头，不由得对曾宪九教授佩服有加。

曾担任《中华医学杂志》编辑部主任的徐弘道对曾宪九和刘彤华教授所写论文的精彩文字呈现留下了很深的印象。《中华病理学杂志》编辑部原主任霍临明也提到，1979 年，曾宪九和刘彤华合作撰写的关于胰岛素瘤的两篇论文水平特别高，里面关于随访 18 年的病人资料都有，让读者对非功能性胰岛细胞瘤有了更多的认识，只有对胰腺了解到极为深刻的程度，才能写出这样的论文，可以说达到了别人没法企及的水平。尽管论文是围绕胰岛素瘤所写，但对于其他领域做学问、做研究都有极具指导意义。从中你可以学到怎样去研究一个疾病，从哪些地方入手就可以有所发现。这些内容已经超出了对胰岛素瘤本身的研究，而更像是一篇如何研究疾病、如何做学问的学术范本。

刘彤华晚年回顾自己在胰腺肿瘤领域所走过的科研道路时，特别感念曾宪九主任以及胰腺协作组的成立。她说，"曾宪九主任的外科专长就是胰腺手术，而这类高难度的手术是很难在其他医院开展的。"她记得她和曾主任一起收集了将近 100 例胰岛细胞瘤的病例。国外有学者来访，听到这个数字很是诧异，"你们胰岛细胞瘤怎么有那么多？"刘彤华说："如果没有曾主任做的大量手术积累，没有胰腺协作组的成立，没有针对外科临床需要合作开展的研究，就不会有关于胰腺肿瘤的一系列病理研究成果。"

多少年后，让北京协和医院原副院长、急诊医学专家马遂教授不由得感叹的是，胰腺协作组当时并不是在医院倡导提议下成立的，而是曾宪九教授、刘彤华教授这些具有远见的医学大家们认为，这样的跨学科交流与合作有助于各学科的发展和进步，而自发组织成立的，通过这种多学科的交流与合作，可以加深学科间的相互理解，开阔视野、集思广益，解决疑难问题。

钟守先教授特别怀念那个时代的学术民主，各科室之间相互交流很多，在大的学术讨论会上，各科医生常常为一个问题争得面红耳赤。这种交流使所有的参会者都学到了很多知识，有利于年轻人知识技能的提高，有利于整个学术水平的提高，从而有利于医院整体水平的提高。钟守先教授说："刘彤华教授是一个治学严谨、性格直率、刚正不阿的学者，是学者中的典范，她的身上集中体现了老一代协和人优良的学术传统。在相互的合作中，刘彤华与他人的关系，尤其是与曾宪九主任的关系非常融洽，彼此都以诚相待，没有任何私利，纯粹是学者间的交往。"

1985 年，曾宪九教授不幸患肺癌去世，但胰腺协作组的工作并没有停止，刘彤华领导的病理研究小组继续与临床以及其他科室密切开展协作研究。胰腺疾病协作研究的优良传统在北京协和医院不断得以传承。2010 年 5 月，疑难病会诊中心胰腺疾病专业组正式成立，为胰腺协作佳话注入了新的时代内涵。

病理就是要和临床紧密结合在一起

北京协和医院妇产科郎景和[1]院士在给青年医生讲课时，常常会说

1　郎景和（1940—），吉林人，中国工程院院士，北京协和医院妇产科教授、博士生导师。曾任北京协和医院副院长、中华医学会科普工作委员会常委、中华医学会科普工作委员会副主任委员等职务。

一句略带调侃的话："年轻的外科医生什么都知道，却什么都不会做；年老的外科医生什么都会做，却什么都不知道；病理科医生什么都知道，什么都会做，却都是在最后。"这句话可以理解为：年轻的医生更需要实践，年老医生不应忘记继续学习，病理科医生不仅仅是做结论，也在于积极地指导临床诊断与处理。

郎景和的这句话通俗而深刻地点出了病理学与临床的关系，以及病理学对临床的重要价值和意义。在北京协和医院，临床科室都非常重视病理学知识的学习和训练，派临床医生到病理科进修成为培养医生医、教、研能力的重要途径。

鲁重美教授 1978 年考上协和临床研究生后，就被导师张孝骞教授安排到病理科师从刘彤华学习进修。当时，刘彤华还不到 50 岁，看上去神采奕奕，才思敏捷。她悉心指导鲁重美开展慢性萎缩性胃炎与胃癌临床病理，以及免疫组织化学与电镜的研究，在病理科两年的学习为鲁重美的医学生涯打下了坚实的基础。

妇产科林巧稚大夫对病理也非常重视。从 20 世纪 50—60 年代开始，妇产科就派遣有一定临床经验的妇产科医生唐敏一到病理科工作，专攻妇科病理，也因此强化了两个学科的密切联系。

那些日子，唐敏一几乎从早到晚都待在病理科。虽然她的年龄比刘彤华大，但对遇事沉着冷静、善于独立思考的刘彤华特别信任，碰到什么难题都会找刘彤华帮着出主意、下结论。写了文章，也要先拿给刘彤华看过、改过后才去投稿。改革开放后，刘彤华协助唐敏一发表了一系列妇科肿瘤病理方面的文章，这些文章均为国内最早发表。

继唐敏一之后，协和医院妇产科又有朱燕宁、孙耘田等医生在病理科完成了研究生学位，后来都成为颇有造诣的妇科病理学教授。妇产科王友芳教授、刘珠凤教授等也都在病理科学习工作过一段时间，对其日后工作也大有裨益。妇产科的很多研究生、医大学生的研究课题和科研训练在病理科得到良好的开展，取得了不少有意义的结果和结论，也形成了良好的科室间合作。

临床医生通过在病理科深入地学习，从大体观察到镜下检查、从会诊咨询到讨论著文，在脑中树立了牢固的病理学观念，积累了丰富的病理学知识，这种观念和知识甚至包括如何保护和处理切除的组织标本。

郎景和记得刘彤华大夫曾告诫妇产科医生，组织标本在手术台上是属于外科大夫的，切下以后是属于病理科大夫的。所以，郎景和也常以此要求下级医生："不能把切下的标本乱切乱取，以免影响病理取材和诊断。"正是在这种环境的熏陶下，协和妇产科临床医生养成了重视术中大体观察、初步判定，并与最后的病理诊断相互对照印证的工作模式，进而使得诊疗水平不断提高。

刘彤华说："很多来病理科学习进修过的医生回到临床后，感觉都顺溜多了。"为此，她也经常在医院呼吁外科、内科等临床科室的住院医师能够尽可能到病理科来进修学习，她相信病理学的训练会帮助临床医生在疾病诊治方面更加得心应手。

1993年，郎景和在《中华妇产科杂志》发表了《卵巢肿瘤的术中诊断》一文，旨在引起广大妇科医生对病理的兴趣和重视。不仅如此，郎景和还推动在《中华妇产科杂志》开辟病理专栏，发表了《妇产科医生要懂病理》的评述，并在中华医学会妇产科分会下设了妇科病理学组。协和妇产科开展的国家自然科学基金重点课题以及"十一五"国家支撑项目的"子宫内膜异位症的基础与临床研究"，涉及重要的在位与异位内膜以及病灶的病理研究，这些都是在刘彤华的直接指导下完成的。

该课题后来获得了北京市科学技术进步奖一等奖和国家科学技术进步奖二等奖，郎景和为此曾向刘彤华表达感激之情，刘彤华却谦逊地说："我没做什么……"这反倒更使郎景和感动不已，"须知，没有刘大夫的指导，我们怎么可能良好地完成这一重要项目和取得如许的成绩呢！"在郎景和看来，这些子宫内膜异位症虽然是良性病变，但亦有1%的恶变概率。特别是不典型子宫内膜异位症，可将这一良性疾病可以发展成恶性病变的演化过程显露出来，即不典型子宫内膜异位症可能是良性变恶的"交界"状态，这无论从病理上抑或临床上都有重要意义。事实上，正是刘彤华、郭丽娜等在国内首先报告和描述了不典型子宫内膜异位症，进而引起了两个学科对此广泛的关注。

更让郎景和感喟的是刘彤华教授作为《林巧稚妇科肿瘤学》第一副主编为之做出了巨大贡献。1982年，林巧稚在病中策划、审阅稿件并作序的《妇科肿瘤》出版，这本书在1993年、2000年更名为《林巧稚妇科肿瘤学》第2版、第3版（连利娟为主编，刘彤华、刘炽明、郎景和为副主编）。

"从该书中不难看出，除丰富的临床材料和全面、深入、先进的观念和论述外，病理学的内容占有重要的地位，而其中更以刘彤华大夫的论著熠熠闪光、光彩夺目。如卵巢未成熟畸胎瘤恶性程度的逆转、卵巢内胚窦瘤和卵巢浆液性交界性瘤等章节，都有重要的临床指导意义；有些是刘彤华大夫、唐敏一大夫等在国内首先报告的较少见的卵巢肿瘤，如卵巢小细胞癌、卵巢硬化性间质瘤等，以及输卵管癌，亦具特殊学术价值。正是这些名家使《林巧稚妇科肿瘤学》被业内同仁誉为'红宝书'（第2、3版封面皆为红色），受到青睐，屡印不衰。到2006年又准备出版第4次版时，刘彤华大夫却谦让淡出，举荐郭丽娜大夫接任副主编。但每一位妇产科大夫、妇科肿瘤工作者在捧读这部专著时，都会由衷地感谢刘大夫为此付出的辛劳和心血！"郎景和不无感慨地说，"刘彤华大夫对妇科的发展卓尔不凡、功不可没，不诉不快、不记为过矣。"在他看来，刘彤华的贡献已融入妇科医生每天的临床诊治过程中，正像她的智慧凝聚在细微的观察里。

临床专业的进步离不开病理学的支撑。无论是外科、内科还是妇产科，凡是曾与病理科合作过的临床医生，说起刘彤华都满怀感激之情，他们称她为"值得信赖的工作伙伴""临床工作的坚强后盾""幕后的英雄"。他们叹服刘彤华不仅引领协和病理科发展壮大，成为全国最好的病理科，还与临床科室无私合作，进而带动了临床各科室的共同发展。1999 年，在刘彤华申报参评中国工程院院士过程中，来自临床学界，尤其是外科领域的专家对刘彤华给予了高度评价。

面对临床科室的肯定和称赞，一向低调、谦虚的刘彤华从来没觉得自己有多了不起。在临床病理学实践中，她越来越深刻地认识到，病理和临床紧密结合在一起，这是临床病理学这门学科的本质决定的。如果你给出的诊断对临床来说没有什么意义，还要你病理干什么呢？一个病理医生的诊断能获得大多数临床医生的信任，应该说是病理医生的最大成功和贡献。甚至她认定，病理不跟临床在一起也干不出什么名堂。因为，你不能动态地来观察一个病人。纵然临床有很多问题需要病理给予答案，作为一个病理医生，她也有很多问题是要回到临床之后才能慢慢搞清楚的。

在刘彤华看来，临床和病理二者本就是相辅相成的，他们有着共同的目标：治病救人。

《诊断病理学》：一本不可多得的"武功秘籍"

数十年来，刘彤华始终牢记恩师胡正详教授的教诲："对某种病变或疾病能总结相同的 100 例，你就掌握了它。"她将自己在病理诊断方面积累的思考和经验不断编纂成书：1994 年完成著作《诊断病理学》；1997 年与另一教授共同主编出版《肿瘤病理学》；1998 年出版《诊断病理学图谱》；2006 年出版《疑难外科病理诊断与鉴别诊断》。此外，刘彤华还担任了《胃肠病学》《妇科肿瘤学》副主编，参与编写了 14 部书籍。其中，倾注了她一生心血的国内第一部《诊断病理学》专著于 1994 年首次出版后深受全国广大病理工作者的喜爱。

《诊断病理学》全书共 21 章，内容涵盖全身各器官组织的炎性和非炎性病变、肿瘤和瘤样病变等内容。如果说，胡正详教授、秦光煜教授、刘永教授合著的经典教材《病理学》偏重于理论基础，那么《诊断病理学》则更偏重于临床。

在第一章"诊断病理学的任务和准则"中，刘彤华回顾了病理学发展的历史，对诊断病理学的内涵做了清晰的界定：病理学从建立之时起就负有一个重要使命，即协助临床医生对疾病作出诊断。古代学者通过肉眼观察器官改变与临床病征相联系。细胞病理学问世后，病理医生能通过细胞和组织结构的改变为临床提供病理诊断。1870 年，柏林大学的 Carl Ruge 及其同事 Johann Veit 最先将外科活检作为重要的诊断工具。从此以后，病理医生可根据手术标本、各种活检、穿刺及脱落细胞学为临床不同疾病提供诊断。尸检更可核实或纠正临床诊断，或发现新的疾病和病变。病理学中这一方面的实践和研究以往称为外科病理学，通俗称为临床病理诊断。这些名称其实并不全面，因为送病理科作病理诊断的标本不是都来自外科，几乎所有的临床科室都可能送病理标本，所以应称之为诊断病理学（diagnostic pathology）。诊断病理学不仅包括对各种活体标本（包括细胞学）的诊断，也包括对尸检的诊断。诊断病理学是病理学的一个大分支，是医疗服务中不可缺少的重要组成部分。"

作为主编，刘彤华希望这本书要不同于一般的教科书和参考书，要突出各种疾病病变的临床病理特点、形态诊断依据，以及与其他病变的鉴别诊断要点，文字力求简明，能够作为广大医院病理医生常规诊断工作的重要参考书。

书中所有内容都基于刘彤华长期对临床病理诊断经验的总结和提升。其中，消化和内分泌两章的病理图片全部源于她自己亲自取材、做标本、照相的积累。20 世纪 70—80 年代，北京协和医院的尸检例数每年能达到 200 例，刘彤华几乎亲自参加了每一例尸检，同时特别注重大体标本及组织蜡块、疑难病理切片的保存，这些珍贵的资料在这本专著中得到了充分的展现。

1992 年，刘彤华伏案赶写《诊断病理学》书稿

　　作为主编，刘彤华对编者的选择非常严格，她要选中国最好的病理专家来编写这本书。病理学家丁华野[1] 教授先后参加了该书第 1 版、第 2 版、第 3 版的编写工作。他说，从主题章节的选择，到审稿、定稿，刘彤华教授都非常认真，每次都提出具体的要求，对文稿都是一个字一个字改过来，从黑白图到彩图，一幅幅挑选过来。参与编书的专家也都努力适应刘彤华的风格，充分结合自己的材料，参考最新的国外文献，以严谨的态度和高度的责任心去完成各自的编写工作。

　　当时，国内病理界非常缺乏能跟上时代发展、更能有效指导病理实践的诊断用书，《诊断病理学》出版后，病理人如获至宝。这本书没有过多的历史和理论描述，本着从外科病理诊断实用的角度，简明扼要地

1　丁华野（1948—），山东临沂人，中国人民解放军总医院第七医学中心病理科主任医师、教授，博士生导师。中华医学会病理学分会副主任委员、秘书长，北京市病理医师专科分会副主委，曾任北京军区总医院病理科主任。

列出了诊断要点。熟悉刘彤华的人，在阅读书籍时，深深体会到了"书如其人"这四个字的含义。《诊断病理学》承袭了刘彤华的一贯风格——写文章和著书均很少闲言碎语，一写即经典，一说即重点。有病理医生比喻："如果说病理医生做出病理诊断是在寻宝的话，这本书就是一本寻宝路线图；如果把病理医生提高诊断水平当成是练功的话，这本书就是一本不可多得的'武功秘籍'。"

卞修武院士说，《诊断病理学》在吸收、借鉴国外相关外科病理学进展和经验的同时，融入了刘彤华自己以及其他编者的临床病理诊断经验，所以不光是翻译借鉴，更多是有很多自己的总结和创造。对广大尤其是基层病理工作者而言，这本书图文并茂、内容全面、语言简洁，逻辑性、科学性、指导性都比较强，堪称"中国的阿克曼病理学"。

《诊断病理学》第 1 版出版后于 1995 年获得"全国优秀科技图书一等奖"。30 年来，随着病理新技术的发展，《诊断病理学》已相继修订再版 3 次，第 4 版更名为《刘彤华诊断病理学》，始终畅销。在各种病理书籍层出不穷的今天，它依然是中国病理工作者手头必备的诊断参考书。

第六章

守正创新拓疆界

　　她从来没有想过做一个研究就必须要出什么样的结果，她甚至觉得，"如果拿了很多的经费，但不能给国家一个明确的回报，我也觉得过不去。要给我几千万，如果做不出成绩来就没有办法交代啊！"

或许是从父母那儿继承了开明的基因，刘彤华骨子里对新事物特别敏感。在周围同事的眼里，刘彤华身上一个突出的优点就是与时俱进，特别能接受新事物、新观念、新思想，做很多事情都有预见性，具有敏锐的洞察力和前瞻性的学术眼光。

几十年在病理学领域里的摸爬滚打，让刘彤华深深意识到，做事情总要先走一步，吃老本不行。

率先在国内运用免疫组织化学技术进行辅助诊断

1980 年 9—12 月，受英国皇家内科医学院主席、消化病理学家莫森教授的邀请，刘彤华随同曾宪九、陈敏章一起来到英国，参观了英格兰和苏格兰大多数著名的大学和医院。

1980 年 9 月 21 日，刘彤华（左）在英国伦敦科顿教授家与莫森教授（右）合影

1980 年 10 月，刘彤华（左二）、陈敏章（右一）一行访问英国曼彻斯特玛丽医院

1980 年 10 月 1 日，陈敏章（左一）、曾宪九（左二）、刘彤华（右一）
等一行参加位于伦敦的驻英使馆商务参赞处举办的国庆招待会

那是刘彤华生平第一次走出国门，也是她一生中在国外逗留时间最长的一次。她带着强烈的好奇心和虚心学习的态度认真观察、感受着所能见到的一切。那里，老的医院从来不拆，新的医院大楼就盖在旁边，所以很多医院都是新老两个院区在一起，给人一种历史的传承和现代化创新有机交汇在一起的时空跨越感。几十年后，已是耄耋之年的刘彤华提起自己当时初次走进英国一些医院的感受，记忆依然清晰如昨。

对刘彤华来说，这次英国之行不仅开阔了眼界，更重要的收获是她遇到了当时在国际神经内分泌免疫组织化学领域已做出成绩的英国伦敦帝国学院组织工程学兼再生医学中心的朱莉娅·玛格丽特·波拉克教授（Julia Margaret Polak）。波拉克教授外表看上去有些严肃，但为人坦诚、慷慨，她赠予刘彤华多种肽类激素抗体，这些宝贵的抗体成为刘彤华回国后开展内分泌肿瘤免疫组织化学研究的基础。

对病理诊断来说，除 HE 染色外，以往常用的辅助诊断方法有特殊染色、酶组织化学、图像分析和电镜等，通常大部分疾病是可以在常规病理技术下给出诊断的。但是，肿瘤细胞会随肿瘤的环境而伪装，同一种疾病可显示为不同的形态，而不同疾病可表现为相同的形态，这时免疫组织化学染色便可大显身手。

免疫组织化学技术，是利用已知的抗体和抗原特异性结合的免疫反应原理，通过化学反应使显色剂显示一定颜色，再借助显微镜观察颜色变化，从而对病人送检组织细胞内的抗原进行定性、定位及定量分析研究的技术。凡是组织细胞内具有抗原性物质，如肽类、激素、神经递质、细胞因子、受体、表面抗原等，均可用免疫组织化学方法显示。病理医生可以借助这项技术从蛋白质（抗原）水平将不同类型的细胞鉴别开来，进而做出正确的诊断。

20世纪70年代，免疫组织化学技术在国外已开始应用。早在出国前，做事有预见性的刘彤华就已经在着手建立一个能更多地服务于临床需求，进一步实现准确鉴别诊断的免疫组织化学实验室。当时，医院一位从事病理生理研究的教授给了刘彤华一些胃泌素瘤的抗体，她利用这些抗体悉心指导自己的第一位硕士研究生建立了免疫组织化学检测方法，即用胃泌素抗体研究正常及胃溃疡病人胃内胃泌素细胞（G 细胞）的定位、数量及形态（光镜及电镜）特点，但因为缺少更多有效的抗体，免疫组织化学技术的开展也受到影响。

波拉克教授赠予刘彤华的多种肽类激素抗体，使北京协和医院成为在国内建立该病理新技术的首批试验田。由于方法已成熟，当国内市场上出现商品化的抗体时，北京协和医院病理科已将免疫组织化学技术应用于外检。1984 年，刘彤华在《中华病理学杂志》第 4 期发表了《胃泌素瘤——4 例超微结构和免疫组织化学分析》的论文。

免疫组织化学技术的关键是规范化的质量控制。为了掌握每项操作流程的关键环节，判断潜在的风险点，在实验室建立过程中，刘彤华要亲自进到实验室里"摸条件"，通过做预试验找到适合实验室环境的最佳温度、时间等条件因素。当时正值炎热的夏季，实验室里没有空调，只有一台摇头电扇。刘彤华进到实验室去给片子染色，等染完片子走出实验室，一身都是汗。科里同事记得，刘彤华当时随便用个绳儿把脑后的头发系起来，露出的脖颈上汗水似小溪般一直往下流。就这样，她坚持把所有条件都亲自"摸"好了，然后再一一教给科室其他人员。

有了免疫组织化学实验室，就为肿瘤病理诊断提供了新的途径，病理科可以开展内分泌、胰腺、肝、肾、胸腺、胃肠等肿瘤研究的回顾性分析、鉴定，研究生、博士生可以应用一些新方法、手段开展科学研究。

北京协和医院最早在国内病理外检中应用免疫组织化学技术进行辅助诊断。由于免疫组织化学技术有较高的特异度和灵敏度，到 20 世纪 90 年代后期，免疫组织化学技术已在全国普遍开展，几乎所有医院的病理科在日常工作中都需要做几项甚至几十项免疫组织化学技术来辅助病理诊断。免疫组织化学技术已成为医院临床病理检测的常规方法和不可缺少的辅助技术。它不仅能使病理诊断更精确，更有助于肿瘤的正确分类、分型，还能预测某些肿瘤的预后和提供治疗的依据，在形态病理诊断的基础上，为临床医师提供了更多疾病的诊治信息。

开创了国内消化系统肿瘤基因研究的先河

1986 年，刘彤华和大学同学夏求洁成为中国医学科学院第一批被国家教委批准的病理学博士生导师。1987 年以后，刘彤华每年招收的博士研究生成为她领导的胰腺癌研究组的主要力量。

胰腺癌是刘彤华带领团队一直在攻关的重点科研课题。在胰腺癌病理形态学研究方面取得一系列重大成果后，接下来如何突破瓶颈，继续深入地探索下去，刘彤华陷入了深深的思考。

那些日子，她常常一个人走进图书馆大量查阅最新的医学文献。去国外参加国际病理学术研讨会时，她发现 EGFR（表皮生长因子受体）等词汇在会议主题交流中高频率出现。对新事物一向敏感的她意识到，国际上病理诊断已进入分子生物学层面，在病理诊断及肿瘤机制研究方面，分子生物学越来越凸显出其重要研究价值和研究前景。她对学生们说："除了形态学的诊断，还需要进一步做分子，看它基因的状态，而这将是病理学新的发展方向。"

刘彤华把自己的一个学生派到中国医学科学院基础医学研究所生化室李士谔教授那里去学习分子生物学，同时，把地下室尸检室旁边装标本的 4 间小屋子腾出两间，建立了小型的分子生物实验室。她决定在这里逐步开展胰腺癌的细胞及分子生物学与遗传学的研究，从分子生物学和基因层面探索治疗胰腺癌的新路径。

做分子生物学研究时，直接使用人体组织样本比较困难。刘彤华和研究团队反复琢磨后想到了这样的做法：在胰腺癌组织被切除后，把标本组织磨碎，然后把癌细胞种在培养皿中培养，让它们一代一代往下传，无限生长。由于手术切除的癌组织成分比较杂（除癌细胞外还有纤维组织以及其他细胞），给研究带来的混杂因素多，他们又对培养出的细胞进行分离，使之变成纯的胰腺癌细胞。而有了癌细胞系，课题组就可以直接针对癌细胞，研究它的分子生物学信息。

就这样，10 年时间里，刘彤华带领课题组建立了 7 株宝贵的人胰腺癌细胞株，成功构建了人胰腺癌裸鼠移植瘤模型。在此基础上对胰腺癌进行了癌基因、抑癌基因等研究，发现了胰腺癌中 *C-MYC*、*K-RAS* 和 *P53* 等多个基因的改变特点，并根据这些基因改变特点进行了反义寡核苷酸、反义基因表达载体等一系列深入研究，为胰腺癌的分子病理诊断与鉴别诊断提供了重要参考，为后续的胰腺癌基因功能及胰腺癌实验性基因治疗的研究奠定了基础。

"人胰腺癌的分子生物学和细胞生物学特性的研究"和"人胰腺癌分子生物学特点及反义基因调控对其恶性表型的逆转"研究先后获得 1993 年卫生部科技进步奖二等奖（刘彤华为第一完成人）和 1995 年国家科技进步奖二等奖（刘彤华为第一完成人）。

因为在胰腺癌病因学和基因治疗学领域的杰出贡献，1999 年，刘彤华被增选为中国工程院院士，她是中国临床诊断病理学领域的第一位院士。

在此后的二十多年里，刘彤华盯准胰腺癌课题不放，围绕胰腺癌实验性基因治疗持续深入地进行探索，许多研究成果均在国际有影响力的期刊及杂志上发表，如 RNA 干扰抑制胰腺癌细胞系中癌基因 *K-RAS* 表达的实验性研究；同源无启动子 DNA 片段对人胰腺癌细胞外源性整合基因及内源性基因的序列特异性抑制；RNA 干扰技术联合抑制胰腺癌细胞系中癌基因 *K-RAS* 和 *AKT2* 表达的实验性研究……这些研究结果为进一步开展临床基因治疗提供了重要的理论基础和科学依据。

由于胰腺癌对化疗不敏感，刘彤华在近八旬高龄时还指导学生开展组成性及层粘连蛋白诱导性黏着斑激酶磷酸化与胰腺癌细胞系对健择内在性耐药相关性的研究等，对药物化疗相关基因进行改建和重塑。1998年，她指导学生所做的药物敏感基因（自杀基因）对胰腺癌实验性基因治疗的疗效和靶向性研究获得评议评阅专家和全体答辩委员会委员的一致好评。

此外，课题组还在以往研究的基础上，深入探索胰腺星形细胞对胰腺癌耐药性的影响，力求填补国内外相关研究的空白，达到国际领先水平。

面对胰腺癌这个"癌中之王"，刘彤华带领着她的科研型学生们拼了三十多年。课题组从胰腺解剖部位的特殊性到胰腺癌组织生长方式的特殊性，从免疫组织化学表达到特殊基因改变，从胰腺癌病理形态学研究到细胞分子生物学研究、基因诊断和实验性基因疗法的研究，他们一步一个脚印地探索、追寻着胰腺癌发病机制、引起临床症状体征的病理机制，攻克了一个又一个难题。刘彤华带领课题组围绕胰腺癌所做的系列研究，研究结果国内领先，部分已达到国际先进水平。

说到胰腺癌治疗和研究的发展趋势，刘彤华在做客央视《大家》栏目时曾表示，人类已经通过多种途径试图去认识和了解胰腺癌的病因，但到目前为止，胰腺癌的研究仍是任重道远，其治疗仍是全球医学难题。刘彤华希望能通过进一步深入的研究寻找到一种像治疗肺癌、乳腺癌一样的针对胰腺癌的有效靶向治疗方式。此外，一些基因治疗研究成果如果能最终在临床得到有效应用（目前还属于实验性的治疗），就可以对胰腺癌患者开展手术、靶向等综合治疗——手术可以做到对早期的胰腺癌进行切除，甚至实现治愈；对中晚期的胰腺患者，靶向等治疗可以延长他们的寿命，改善其生活质量。

刘彤华说："也许未来人类真正发现了胰腺癌的致病原因后就更好办了。"当然，走到那一天还需要全球医学界持续不断地通力合作。她笑说："也许我这辈子看不见了，但今天所做的每一步探索都是对未来攻克胰腺癌治疗难题所做的有价值的积累。"

在胰腺癌研究取得突破的同时，在刘彤华的引领、支持下，1992年协和医院病理科臧旭教授与内分泌科史轶蘩教授、神经外科王维钧教授等开展的"激素内分泌性垂体瘤的临床研究"获国家科技进步奖一等奖（臧旭为第三完成人）；刘彤华的学生陈杰[1]延续美国导师 Dr.Ross 开展的神经母细胞瘤的研究成果也获得卫生部科技进步奖三等奖（陈杰为第一完成人）。

从 20 世纪 80 年代电子显微镜被引进、免疫组织化学技术的应用，到 20 世纪 90 年代后期病理学借助分子生物学技术的飞跃发展，每一个重要时期，刘彤华本人和她领导的研究团队都能紧密围绕临床实践需求，结合临床病理学前沿最核心的技术路径进行课题研究，科研工作不断取得进步，尤其在胰腺、消化道、内分泌、呼吸、妇科肿瘤、神经系统等领域做了大量研究工作，相关学术论文得以不断发表，协和病理科也成为国内临床病理学领域的学术科研高地。

---

1 陈杰（1955—），黑龙江巴彦县人，著名病理学专家，教授，博士研究生导师。曾任北京协和医院病理科主任、副院长、党委副书记，中华医学会病理学分会第八、九届主任委员，第十届名誉主任委员，卫生部全国病理质量控制及评价中心主任及专家委员会主任委员，全国病理医师定考专家委员会主任委员，中国医学装备协会病理装备分会名誉会长。

1981 年 10 月 19 日，北京协和医院病理科第一、二批病理科硕士研究生合影

一排左二：刘彤华；二排左一：陈杰

1985 年，北京协和医院病理科举办研究组会议

率先建立分子遗传病理实验室

新世纪的来临，给人们带来了对未来无限的憧憬。2000 年 2 月，刘彤华在《中华病理学杂志》撰写了《抓住新世纪的机遇，迎接新的挑战》的述评。她写道："像往常那样的送旧迎新，还不能表达人们送别 20 世纪，迎接 21 世纪的激情。在适逢千年交替又世纪之交这一千载一遇的时刻，回顾我国病理学的过去，展望未来，我们思潮万千。"

在文中，她回顾了 20 世纪我国病理学界从无到有、从小到大，在逆境中不断求得生存并发展壮大的艰辛历程。她认为，"在学科的专业方面，我国病理学已从单一的光镜下形态病理发展到超微结构病理、免疫病理和分子病理……学科的发展，新仪器和新技术的引进使我国病理学的医、教、研方面均获得了长足的发展"，展望未来，她明确地指出，"21 世纪将是分子世界，我们已进入分子年代。分子病理学将会有很大的发展，并与不同的医学专科结合，形成很多新的分支……在这瞬息万变的信息时代，我们应快速和不断地更新知识，才能追上世界分子病理学的发展。"

21 世纪初，伴随后基因组时代的到来，医学界对疾病本质的理解更为深入，疾病也因被识别到分子水平的不同而被分为更多亚型。同样形态的癌，它的基因水平可能完全不同，如两个同样形态的浸润性导管癌，可分为有人表皮生长因子受体 -2（human epidermal growth factor receptor-2，HER2）基因扩增和无 HER2 基因扩增两种；同样的非小细胞肺癌可分为有表皮生长因子受体（epidermal growth factor receptor，EGFR）突变和无此突变两种，等等。所以，尽管两个患者患同一种癌症，处于同样的临床分期，但由于每个人的基因状态不一样，用同一种治疗癌症的药物治疗，可能会得到完全不同的临床预后。

刘彤华认为，"一把尺子适合所有人"的时代已经过去，分子病理学的研究将使个体化、个性化治疗成为可能，而"个性化医学"时代的核心正是靶向治疗——要用"量体裁衣"的方法根据肿瘤分子水平的异常进行针对性治疗，以获得最大的疗效和最低的药物毒性。

刘彤华以其敏锐的感知力预测到了肿瘤生物靶向治疗的远大前景，率先在国内提出了靶向治疗需要靶向诊断的重要理念：靶向诊断不仅需要病理形态诊断，还需要掌握分子水平的信息。

在刘彤华看来，如果说 20 世纪后期免疫组织化学技术成为推动病理学发展的巨大动力，那么 21 世纪广泛开展的分子遗传学及其技术，将成为第二个推动病理学发展的巨大动力。

随着分子诊断及信息技术（包括人工智能技术）的迅猛进展，精准医学与大数据的时代已经到来，医学包括病理学正在以前所未有的速度变化与发展。诊断病理工作者在面对前所未有的机遇的同时也面临着巨大的挑战。

"不知宏观者无以谋微观，不知未来者无以谋当下，不知世界者，无以谋中国"，面对瞬息万变的信息时代，刘彤华总有一种时不我待的紧迫感。她认为，紧跟时代步伐，及时更新知识与理念，与时俱进地开展病理领域新技术的运用，开拓学科发展的新领域，是重要的也是原则性的问题。这不仅关系到病理科在医院里的地位，也关系到病理学在整个医学领域的地位，甚至关系到这个学科的生死存亡。

一个念头在已年届七旬的刘彤华脑子里越来越清晰，她要将传统的形态学病理与分子遗传学紧密结合起来，在病理科组建一个独立的分子遗传病理实验室，以进一步拓展病理诊断新领域，更好地满足临床对病理诊断的需要。

在科里，她很早就要求自己的研究生要从事病理学的分子生物学实验研究，有意识地多次安排年轻医生和技师外出学习分子遗传及分子生物学技术。2000 年，她还把一些住院医师和技术员送到国家人类基因组北方研究中心去学习……为实验室的建立，刘彤华不动声色默默做着各种准备。

2002年的一天，刘彤华去找时任北京协和医院院长的戚可名说："戚院长，我想引进两个人。"戚院长问："是从国外引进吗？"刘彤华说："引进不一定要从国外引进，国内也可以引进。""那你要引进谁？""一个是曾瑄¹，另一个是梁智勇²。"

刘彤华口中的曾瑄，当年还不到40岁，毕业后一直在北京协和医学院遗传室从事医学遗传学方面的研究和教学工作。刘彤华一直很看好她，特别希望她能来病理科开展分子生物学和遗传学方面的研究。当刘彤华找到曾瑄，向她讲了建立实验室的工作设想以及对她的期望后，曾瑄一开始感觉有些意外。在她看来，当时自己开展的经典遗传病研究主要针对的是更基础的胚系遗传（一个人身上所有的细胞都可以测出突变），这与病理以及实体肿瘤体细胞相关分子遗传研究还是有很大区别的。她不禁有些为难地对刘彤华说："这个我不会。"刘彤华肯定地告诉她："这个你不用担心，梁智勇会！"

梁智勇是刘彤华从原第三军医大学（现中国人民解放军陆军军医大学）西南医院招收的第一个博士后，有着扎实的病理实践和分子生物学理论基础，当时他的博士后研究马上就要到期出站，他是刘彤华认定的建立分子病理实验室挑大梁的不二人选。

而在这之前，刘彤华还打了一个基础，那就是2000年前后招录了中国医学科学院基础医学研究所免疫实验室教授林嘉友的学生武莎斐。武莎斐面试通过后，刘彤华又把她送到国家人类基因组北方研究中心进

1 曾瑄（1963—），辽宁锦州人，北京协和医院病理科研究员、博士研究生导师。

2 梁智勇（1966—），四川岳池人，著名病理学专家，现任北京协和医院病理科主任、主任医师，博士生导师。兼任国家病理质控中心及北京市病理质控中心主任、中华医学会病理学分会主任委员（第13届）、中国医师协会病理科医师分会副会长，《中华病理学杂志》《诊断病理学杂志》总编、中国临床肿瘤协会病理专委会主任委员、中国合格评定国家认可委员会医学专业委员会副主任、世界卫生组织肿瘤分类蓝皮书编委会常委等职。

行学习。此外，刘彤华还把病理科技术过硬的技术员高洁抽调过来，让她和武莎斐一起跟随曾瑄重点从事分子病理的实验研究。

就这样，在刘彤华不遗余力地多方争取、协调下，具备理想人才结构的各路人马基本配齐到位，这为分子病理实验室的建立打下了坚实的基础。

多年后的 2007 年，当刘彤华在北京举办的全国分子病理学术研讨会上阐述发展分子病理学的重要性时，会场挤满了前来聆听的观众。当大家了解到刘彤华是如何引进人才，如何将分子遗传学引入病理学领域时，在场的人都感到强烈震撼，也深受鼓舞。大家会后都在讨论，说我们也要引进遗传方面的人才。然而，在曾瑄看来，这些人才不是刘彤华一时兴起现找来的，而是她常年学习思考、与遗传领域多年合作自然形成的结果。

当年，北京协和医学院实验医学研究所原本就设在协和老楼 9 号楼里，"遗传"和"病理"是在一起办公的。对刘彤华来说，耳濡目染之下，她对遗传研究领域并不陌生。曾瑄记得自己在读研究生的时候，就看到刘彤华把很多住院医师送到遗传室进行培训，那时她就已意识到，光有病理出身的人来做分子病理还不行，还必须要有一些真正有遗传学、分子生物学基础背景的人来一起做。

而在阅读大量文献和不断思考的过程中，刘彤华早已敏锐地捕捉到遗传和病理融合发展的必然趋势。她发现在 WHO（世界卫生组织）肿瘤分类系列丛书中，已将大量篇幅用于肿瘤分子遗传相关内容的阐述，越来越多的肿瘤需要借助于分子检测来确诊、分型、判断预后、指导治疗等。遗传学与病理学的结合使病理学真正进入染色体、基因水平，病理诊断工作变得越来越精细与繁杂。

2003 年 8 月，刘彤华在《诊断病理学杂志》发表的《诊断病理学今后应怎样发展》一文中写道："尽管最先进的基因组学和蛋白质组学看起来离我们还很遥远，但国外已将细胞遗传学和分子遗传学应用到日常诊断中来了。提到遗传学人们就会联想到先天性疾病，如 21- 三体综合征等，现在已知许多传染病和恶性肿瘤都有染色体异常，如染色体移位、丢失、重复、倒置等，这些染色体的异常有些可作为某些恶性肿瘤的标记，如分化不良的大细胞性淋巴瘤等。遗传学的改变不仅可作诊断指标，有些还可提示预后。"

随着医学生物学的发展，许多学科之间的界限已变得不清楚了，如免疫学和病理学，部分已融合成免疫病理学。遗传学与病理学原本是两个界限分明的学科，现在也已开始融合。1999 年，美国医学遗传学委员会和美国病理学委员会同意联合组成一个新的学科，即分子遗传病理学（molecular genetic pathology），研究如孟德尔式遗传疾病、人类发育异常、传染性疾病和恶性肿瘤等疾病的自然病史，进行临床诊断，以及为临床医师提供治疗依据。

机会永远是留给有准备的人的。而让同事们感到无比钦佩的是，刘彤华总是那个时刻做好准备的人。在机会来临时，她总能挺立潮头，赢得先机。2003 年，刘彤华挂帅，在国内率先建立了分子遗传病理实验室，北京协和医院病理科也成为中国分子病理事业启航的地方。

这是一个以前从来没有过的全新实验室，考虑到医院一开始可能并不能马上理解其建立目的，刘彤华前期没有直接向医院申请经费，而是动用自己的科研经费对实验室进行了简单装修，因陋就简，购买、安装了一些显微镜荧光发光装置之类的实验室小设备。尽管不是很完善，但已可以保证实验室正常运转和满足基本工作需求了。

2002 年，北京协和医院与北京邮电总医院合并后始终面临着用房紧张的问题。对病理科来说，任务增加了，人员增多了，但空间却缩小了。实验室工作开展后，一开始由于面积太小，刘彤华就四处开始找房子，后来她不得不征用了技术员的休息室，为此还在科里做了不少工作。

病理科原主任崔全才教授曾回忆说："空间问题始终是困扰病理科发展的重要因素之一，为了科室能更多地实践新技术、新方法，刘老师多次与院领导沟通，使得病理科在用房空间上有了一定的缓解。"

虽然实验室空间有限，但刘彤华认为，实验室要最大限度满足实验过程每一个重点环节的要求。虽然条件所限暂时还无法做到尽善尽美，比如达到室内恒温、恒湿要求，但像实验台做到严格分区以避免互相污染这类基本的关键性要求，必须落实好。

如何进行前期准备，如何做好后期诊断，每个实验环节刘彤华都要求自己必须亲自掌握。比如，*HER2* 基因的检测，新鲜标本必须第一时间就放到福尔马林液里进行固定，要不 DNA、RNA 就降解了。如果这个过程医生自己不做，而是交由别人去做，那最后出的结果就有可能要打问号。

临床医学的发展要求病理诊断更准确，分类更精确。这就要求病理学各种技术都要做到标准化，尽可能减少假阳性和假阴性。为了保证分子指标检测结果的可信度和准确性，刘彤华制定了详细的标准化作业程序，使得实验室在严格的规范化管理下，检查项目的结果都能达到标准化。对刘彤华来说，建立这个实验室平台完全没有可以借鉴的经验，她只能和实验室团队在一次次尝试中不断寻找规律，一步步将基本的工作框架和工作模式摸索出来。

实验室建立之初，刘彤华指导实验室人员将胰腺癌作为研究的切入点。她认为胰腺癌有着前期研究打下的扎实基础，实验室平台建立后，正好可以通过胰腺癌的研究来验证实验室平台能否正常工作，细胞培养、基因突变检测、荧光原位杂交（fluorescence in situ hybridization，FISH）拷贝数变化等技术手段是否完善。

长期以来，中国搞科研用的大多是外国人的细胞标准和标本库资料。而对于胰腺癌，协和医院病理科有自己建立的 7 株中国人的细胞株，按照它们不同的组织学分型都建有各自的标本库，有对应的临床资料，还有大量病人随访信息，这对进一步开展分子病理学的研究极为难得。

在研究过程中，刘彤华总是不断向实验室人员强调要重视标本的研究。一开始，大家还不太理解，后来曾瑄越来越意识到刘彤华的用心所在，因为标本库里存放的不仅仅是标本，其背后蕴含着太多丰富的信息。比如，石蜡包埋的标本和新鲜的标本是完全不一样的，而且标本中还同时包含肿瘤组织和正常组织，两者混在一起，如果要提取 DNA，应该怎么办？结果怎么判读？石蜡标本如果质量不好，DNA 片段化厉害，蛋白没办法去干净，做出来的曲线怎么去解读？总之，每件事都是一种挑战。

刘彤华带领曾瑄他们尝试做桑格测序（Sanger 测序）、实时定量PCR 等，在方法学方面做了大量的探索。在实验过程中，如果你没有真正接触到标本，没有下功夫去读懂标本里想要传达的信息，你可能永远弄不明白为什么做不出来想要的结果，可能永远不会体会到方法学探索的重要性。曾瑄说："在病理科做分子生物学研究和将标本外送给做分子生物学的研究人员去做，这是完全不同的概念。在病理科，标本在你手上，你可以仔细地研究它、观察它，才可以有自己更深刻的心得。"

基于扎实的标本资料，实验室围绕胰腺癌以及部分胰腺内分泌肿瘤、乳腺癌等在学术杂志上发表了一系列具有开创价值的分子病理相关研究成果，引发了国内外业界广泛关注。这些论文摘要被生物医学文献数据库 MEDLINE 等收录后，也引起了一家跨国制药公司的关注，专门派人到实验室来考察。

相比于国外的同类实验室，协和病理科看上去有些简陋的分子病理实验室一开始让来人不由得有些质疑：就在这样的条件下你们也能做出成果？当对方全面深入地了解实验室平台建设的情况后，禁不住大为赞叹，并为实验室在短时间里取得这样的成绩感到不可思议。

刘彤华从来没有因为实验室环境而自惭形秽。在她看来，条件不是决定性因素，决定性因素在于高质量的操作和管理，她有这个自信。实验室的成功建立不过是再次验证了她一生坚信的信条：中国人不乏聪明才智，只要找准方向持续用心用力，在简陋的环境里也可以创造世界奇迹。

2004 年，刘彤华带着学生去美国的一家公司订购做实验用的探针，没想到此事被一家正在面向全球开发治疗癌症靶向药物的国际知名大药厂知悉，于是该药厂找到了刘彤华欲寻求合作。刘彤华想，如果能得到与他们合作的机会，对实验室的研究工作无疑是个有力的促进。不过，刘彤华和实验室团队首先面对的是一系列严格苛刻的考核。对方先是寄一些样本过来，让实验室在一定期限内把要求的结果做出来，然后拿这个结果去和国际上其他实验室同时间做的结果进行比较。最终，北京协和医院病理科以其规范严格的实验室管理和稳定准确可靠的实验结果成为这家知名药厂的全球三大中心实验室之一。葛兰素史克、阿斯利康、默克等多个国际知名大药厂也慕名前来寻求合作，北京协和医院分子遗传病理实验室因此成为多项全球性肿瘤靶向药物试验的中心实验室，接受了来自国际多中心临床试验的病理检测项目，特别是靶向治疗相关的检测项目，涉及乳腺癌、胃癌、头颈癌等多种肿瘤的相关分子检测，例如具有里程碑意义的抑制 *EGFR* 基因突变的肺癌患者获益于吉非替尼的临床研究；针对间变性淋巴瘤激酶，即 *ALK* 融合基因阳性肺癌的克唑替尼系列临床试验；针对 *HER2* 基因扩增和蛋白高表达的拉帕替尼系列临床试验等。

与此同时，协和医院分子遗传病理实验室也成为国内最早在病理科开展靶向诊断的实验室，于 2006 年、2007 年相继开展了胰腺癌、肺癌、结肠癌等病理标本的 *EGFR*、*HER2* 等的 FISH 检测以及 *K-RAS*、*EGFR* 等的基因突变检测；在国内最早开始对乳腺癌、肺癌、胃癌、大肠癌等肿瘤进行靶向诊断，目的是筛选出适合靶向治疗的肿瘤患者，避免造成病人财力的浪费与治疗的耽误，为肿瘤患者实施个体化治疗提供重要依据和保障。

治疗乳腺癌的靶向药物曲妥珠单抗在国内上市不久，刘彤华领导的协和分子遗传病理实验室于国内率先发表了《1 170 例女性乳腺癌 *HER2* 基因状态的荧光原位杂交结果分析》的论文（发表于 2008 第 9 期《中华病理学杂志》）。一年后，又针对肺癌及时刊发了《肺癌分子标记物在病理诊断及靶向治疗中的研究进展》(发表于 2009 年第 8 期《中华病理学杂志》)，这些成果奠定了协和分子遗传病理实验室在肿瘤靶向诊断及治疗领域的权威地位。

推动全国第一个分子病理指南发布

2006 年，对中国病理学界来说，《乳腺癌 HER2 检测指南》的发布成为划时代的标志性事件。这个主要在参考了协和分子遗传病理实验室经验基础上被总结出来的乳腺癌分子分型基因检测指标，是中国病理学界发布的第一个分子病理指南。

以前，在病理学领域，从未有过将一个分子直接作为一个诊断指标

2008 年 11 月，在意大利米兰，与欧美多国同行阅片讨论 HER2 检测的规范化
左：梁智勇；中：刘彤华；右：曾瑄

应用到临床来指导治疗的情况。病理学检测中的很多指标，如免疫组织化学检测指标等都是供病理人做诊断时自己参考使用的，临床医生不一定会参考。HER2 分子指标则不然，在靶向治疗中，临床医生会直接用它来指导自己的下一步诊治。

曾瑄教授说："其实，早在实验室建立初期，刘彤华就在酝酿写指南的事情。在她观念深处，病理学的任何研究成果最终是要应用到临床上去的，不能只停留在纯基础的层面。科研谁都可以搞，而上了临床以后大家也都很容易地会运用，但如何把科研成果有效转化到临床应用上，这是一个复杂而艰难的过程，而这恰恰也是刘彤华不断发力之所在。"

从《乳腺癌 HER2 检测指南》开始，北京协和医院病理科就牵头一个标志物、一个标志物地写指南。写指南的目的是要规范方法学，指导临床做出正确判断，因此指南的推出需要兼具科学性和可操作性，是一件非常严肃、不容出错的事情，只有该领域的专家反复研究达成共识，制定出可行的方案，才能推出来成为指南。

分子遗传病理实验室的建立、靶向诊断业务的开展，使病理医生真正能够给临床医生制定治疗方案提供可靠的证据。这不仅改变了病理学的诊断模式，拓展了病理学的发展空间，极大地提升了病理医生在疾病诊治中的地位，而且促进了相关临床学科的发展，推动了肿瘤相关转化医学的研究，更重要的是使发病率日趋增高的肿瘤能够得到有效的治疗。

在刘彤华的积极倡导和引领下，国内各大医院相继开展了靶向诊断业务。在完成自身业务、科研工作的同时，协和病理科还承担着每年全国实验室室间质量评价的任务。技术人员要制作分子病理室间质评的质控品（先做细胞培养，将其包埋成细胞蜡块，切片后制成）向全国发放。

2009 年，国家卫生计生委病理质控和评价中心成立，负责对全国范围内的医疗机构的病理科全面开展质控工作，致力于人员培训和规范化操作流程的制定。其中，分子病理的质控和评价是其中重要的组成部分。刘彤华的学生陈杰和梁智勇先后担任了原国家卫生计生委病理质控和评价中心主任、国家卫生健康委病理专业医疗质量控制中心主任。

2015年和2016年，北京协和医院病理科和中国合格评定国家认可委员会在全国联合开展了分子病理实验室室间质评工作，有力推动了国内分子病理检测高水平、规范化发展。

早在2006年、2008年，刘彤华于《中华病理学杂志》先后发表了《表皮生长因子受体家族与靶向性抗癌治疗》《个性化医学时代的病理学》两篇述评，指出了掌握分子病理技术、关注并参与分子靶向药及伴随诊断等临床研究的重要性，阐明了个体化医学时代病理医师的工作任务、形式与内容的变化。文章呈现出她对分子病理学价值意义和地位的深刻理解："医学发展已经迈入了个体化医疗、精准医学的时代，而分子病理的研究正是开展精准医学的基础和前提。"

作为新兴的跨界融合技术，分子病理在疾病的鉴别诊断、伴随诊断、预后判断等方面都有非常重要的作用，是精准医疗的支柱之一。刘彤华相信，随着分子检测技术的不断发展，分子诊断必将会越来越多地应用于临床实践。随着多学科诊疗模式的兴起和分子病理检测的发展，作为多学科诊疗中不可或缺的成员之一，病理医生也会逐渐从幕后走到台前，在其中担负着疾病诊断、分子靶标检测以及疾病机制精准解读的重任。

曾瑄教授说："当时可能很多看过该文章的人并不理解刘彤华为什么要写这两篇述评。时隔多年，大家越来越深刻地理解了她当时所写内容里所包含的深意，体会到刘彤华当时迫切要建立这个实验室体系的必要性、前瞻性。她建立这个实验室绝不是一拍脑袋的决定，事实上，她每天都在琢磨与生物学行为、与临床病理特征相关的分子和基因。而这两篇述评，也是她前前后后准备了很多东西才总结出的。她写的每一个文字都是经过深思熟虑，是从自己的工作亲历中生长出来的，既高瞻远瞩，又脚踏实地。当你真正理解了她的思维逻辑，你也就理解了她为什么会把这个跨学科的领域在病理界做得如此游刃有余，而且在国内起到了榜样效应。"

随着蛋白质和核酸等分子的研究逐步深入，以及分子遗传学和表观遗传学的发展和进步，分子病理的相关诊断技术也在不断地更新和发展。作为国内率先建立分子遗传病理实验室的单位，北京协和医院病理科一直在稳步跟进分子病理的最新进展。从 2016 年开始，协和病理科每年都要主办分子病理新进展研讨会，吸引了国内众多病理同道积极参与，在提升自己的同时，也促进了全国分子病理水平的不断提高。

"研究科学的人要浸在科学里，里外渗透，不能分心"

曾经有人问刘彤华："你基因里是不是有不甘落后，始终致力于创新的基因密码啊？"刘彤华听了哈哈笑着说："哪里有什么密码，在病理学领域越往里走，发现要学的东西越多。对于国际病理学前沿的新技术、新进展，有条件的我就去学，没条件的就通过间接的办法去学，我觉得自己如果老停留在一个地方，好像不太习惯。"她希望年轻人也应该是这样，不断往前看、向前走。

在病理科每周五雷打不动的业务学习中，刘彤华总是亲自走上讲台讲解全球病理学研究的新进展，而且在和年轻人谈及如何调剂自己工作之余的生活时，她也强调：看书，就是看书，只有新鲜的知识和信息才能让你的大脑不会感到疲劳，也才能够不断巩固你在专业领域内的兴趣，不至于为工作的烦琐所累。她总是意味深长地感叹："现在的时代多好啊，有网络，有电脑，获取知识是多么的便利，这些都是我那个年代所不能比拟的，年轻人一定要学会利用最先进的工具，尽可能地获取新知，把握时代的脉搏。唯有这样，才能在学习中不断更新自己，并且能够迅速地抓住本学科的方向，从而有所建树。"

蒋昭实于 1991 年考入浙江大学医学院学习临床医学，1995 年到北京协和医院实习并完成了病理住院医师的训练，后赴美攻读基因组科学博士学位，从事抗肿瘤药物的研发。在蒋昭实眼里，刘彤华老师对新技术总是充满热情和积极的态度，她是国内最早将互联网技术应用到远程会诊的病理学专家之一。尽管受当时的技术限制，远程会诊还有很大缺陷，但刘彤华老师敏锐洞察到信息技术将全面改变现代生物医学基础研究和临床实践。她对新技术的远见卓识对蒋昭实日后选择生物信息学这一崭新学科作为抗肿瘤药物研发方向产生了积极的影响。

对刘彤华来说，在病理技术前沿领域积极开拓的同时，她也始终保持着对病理学这门学科价值意义的清醒认识。一方面，刘彤华相信，任何新方法、新技术的建立和发展，诊断病理学家如能很好地认识和应用，必将推动诊断病理学的发展；而另一方面，在积极推动新技术应用的同时，刘彤华也在不断地提醒学生们，不要忘记病理人的初心。虽然病理学已从细胞病理发展到分子病理、分子遗传病理、数字病理等，"但无论技术如何发展变化，说到底，细胞形态病理还是基础，不能丢弃。因为总不能凭空出来一个分子吧，你总得是在细胞的基础上进行诊断。你得明白做病理的目的是什么，你要了解你要做的这个标本背后是什么样的病人，患了什么病，然后再在这个基础上学习最新的东西。"

新技术的不断发展和应用，其最终目的是要多方位、更全面地为临床提供诊疗信息。面对各种病理学新技术不断叠加出现，刘彤华在总结国外病理学者实践经验的基础上，提出了以下技术运用原则：将各种技术叠成金字塔，底部为光镜和电镜，第二层为组织化学、免疫组织化学和 FISH 技术，顶层为细胞遗传、流式细胞术、聚合酶链反应（polymerase chain reaction，PCR）和测序。这些方法可同时应用，亦可先做光镜电镜，如解决不了诊断问题则再使用第二层技术，最后可用顶层技术。在时间和费用允许的条件下，应用多种技术可以得到更正确的诊断。但是，如果所用技术不标准化，可能会得出矛盾的结果，效果适得其反。[1]

特殊染色是一项相对传统的技术方法，国内许多医院病理科已经不再开展，但刘彤华坚持认为这项传统技术仍然是病理诊断工作中不能丢弃的好方法。王德田记得，有一次在北京平谷开会时，刘彤华对他说："有些小大夫不会看特殊染色，有些免疫组化是不能代替特殊染色的，比如诊断纤维肉瘤都还要靠特殊染色进行诊断。一定还要加强特殊染色工作，追求新方法的同时也不能把旧的丢掉。"在刘彤华的重视下，特殊染色在协和医院病理科至今仍然在开展。

在刘彤华看来，无论病理技术、设备如何迭代更新，基本功不能丢。她常对科里的年轻技术员说："现在都用染色机自动染色了，但你不能因此用手工就不会染了，万一有一天人家不给你进口了，你怎么办？不能简单将标本往染色机里一放了之，至少要知道其背后的原理、方法。"对科里每一位新来的医生、技术员，刘彤华都要求从最全面、最基本的训练开始，在打牢基础的同时，鼓励他们不断学习新的技术，开拓新的领域。

在国内外各类病理学学术交流中，刘彤华总是向病理学同仁呼吁，在数字病理和分子病理飞速发展的今天，既要发挥传统病理技术的最大功用，也要不断接纳和学习新的技术。只有这样，病理学才能持续稳定地发展，更好地服务于临床和病人。

从20世纪80年代在国内最早开展病理免疫组织化学与电镜超微结构技术，到20世纪90年代开展胰腺癌分子生物学、基因治疗研究、建立分子遗传病理实验室……刘彤华带着病理人的初心和使命，在守正的基础上不断创新，在中国病理学事业发展进程中留下了一个个坚实的足迹。

回顾自己的科研历程，一向谦虚、低调的刘彤华曾表示："我只

1　引自《抓住新世纪的机遇，迎接新的挑战》一文（《中华病理学杂志》2000年2月第1期）。

是在其中做了一点工作。无论能力有多大，或者人力、物力怎么样，我们的原则就是能做多少就做多少，尽我们自己的能力，条件不够就争取条件。"

就拿胰腺癌研究来说，众所周知，这是一块极为难啃的硬骨头，因为觉得实在是难出成果，很多人不愿在这方面花费时间、精力、经费。医学界对胰腺癌的研究一直停留在一个比较初级的阶段，尤其是基础研究十分薄弱。相比于专门从事基础研究的科研机构，在国内医院病理科从事癌症尤其是胰腺癌基础研究的更是少之又少。事实上，由于缺少课题申报资金支持渠道，刘彤华课题组的胰腺癌研究经费一直处于捉襟见肘的境地。说起来，一般人很难想象，20年来刘彤华带领课题组做了大量研究工作，培养了许多优秀的博士生，但一共申请的经费都不到100万元。

对此，刘彤华从来没有过任何抱怨，就像她以往一贯面对艰苦环境仍坚持开展工作的平和心态一样，她相信事在人为，如果能多一些研究经费当然好，但如果条件不允许，就立足于现有的条件，在能力范围内一步步稳扎稳打尽力去做就好。对刘彤华来说，她从来没有想过做一个研究就必须要出什么样的结果，她甚至觉得，"如果拿了很多的经费，但不能给国家一个明确的回报，我也觉得过不去。要给我几千万，如果做不出成绩来就没有办法交代啊！"

或许正是因为没了各种外在的压力和完全摆脱了名利缰锁的束缚，刘彤华完全遵循着本真的科研之道，让自己和团队始终潜心沉浸于纯粹的学术研究之中，把所有的条件和资源发挥到极致，一步步向前探索，最终取得了一系列让人称羡的丰硕成果。

对于刘彤华和她领导的病理科来说，除了要完成大量病理诊断业务工作，还要承担繁重的教学任务。在这样的条件下，在科研上能取得累累硕果，没有咬定青山不放松的坚韧顽强的奋斗精神很难取得这样的成就。

20世纪80年代初，彭旭军从外地调到北京协和医院病理科从事资料管理、暗室照相冲洗等事务性工作。40年里，她目睹了刘彤华带领团队在科研方面一步步所做的扎实积累。

写论文、教学要用到大量组织学图片，这些图片先要在显微镜下找好视野，用相机照在胶卷上再拿到暗室冲洗、放大。彭旭军调来协和病理科之前是在保定第一胶片厂从事胶片成品检定工作，她觉得冲洗一下照片对她来说不是难事，但照片冲出来后拿给刘彤华看，根本用不了。彭旭军之前没有接触过医学，刘彤华就特别耐心地告诉她自己想要的是什么，比如照片要能清晰地显示细胞核、细胞浆，在每一次她上交照片后，都要指着照片告诉她图中细胞形态哪个是正常的，哪个是有病变的，哪个是处于交界状态的……彭旭军悉心揣摩着这些专业的知识和要求，从相纸的选择到显影液的配制，她不断探索着暗室洗印技术，冲洗出的照片质量越来越好。大量隐含着神秘生命信息的细胞组织学图片作为附图被用于科里人员写的学术文章里，出版的病理学专著里，这些积累对科研成果的学术交流发挥了重要的作用。

做科研，资料的搜集整理运用十分关键。从走进病理学大门那天，刘彤华就从胡正详老师那里学到了病理资料采集和不断总结的重要性。20世纪90年代初，电脑网络还没有普及，意识敏锐超前的刘彤华就联合医院计算机室开发了程序软件，并组织科里的医生对病理科以往积累的大量诊断资料根据病变部位、病理诊断、病理号等关键信息进行分类整理。然后再将这些信息交由彭旭军、赵砚萍两位事务员利用程序软件录入进行电子建档，键入关键词后就可以方便大家对资料进行检索。比如录入胃部、印戒细胞癌等相关信息，通过检索，就可以显示资料里有多少印戒细胞癌是在胃部发生的。

这是一项浩大的工程，但刘彤华特别看重这项对科研有重要意义的基础性工作。她把科里历年来积累的厚厚资料分发给科里的医生进行信息编码整理，要求包括她本人在内的所有医生每周都要限时定量完成。让彭旭军感慨的是，不管刘彤华多忙，每次都是她第一个完成资料编写工作。

"研究科学的人要浸在科学里，里外渗透，不能分心"，导师胡正详教授当年说的这句话刘彤华一直铭记在心，在几十年的科研实践中她也正是这么做的。无论是面对艰苦的研究环境，还是社会上日益浮躁的学术风气，她始终是那个不为外界嘈杂所扰、沉静淡定的刘彤华。

1994年，她在《诊断病理学杂志》上发表的《怎样做好病理诊断工作》一文中，用她惯有的简洁而明晰的语言告诉大家："基础和临床相结合，一直是并将永远是医学科研的出路；而去除浮躁，沉静下来，才能做出大学问，取得大成就。"

在一次院校团委开展的老专家访谈活动上，刘彤华告诫年轻人说："想要成才，必须勤动手、肯吃苦、戒浮躁、求新知。"其中，"求新"和"戒躁"是她尤为看重的两点，"因为，科学的本质就是创新，不能获取新知，切中时代的脉搏，思维就会永远停留在陈旧的过去，绝不可能做出骄人的业绩。而正是因为现今时代的迅速发展，信息爆炸，诱惑增多，导致人心浮躁，很多人迷失在花花世界中，荒了基础，废了前程，不能安心做学问，所以，既要求新，又要戒躁；既要抬头看天，又要低头看路，两者兼备，方能无往而不胜。"

"锲而不舍"是刘彤华坚持了一生的座右铭，"我要做的事情就一定要做，既然决定要做，那就把它做好。"她也想把这普普通通的四个字送给年轻的病理人。她曾说："不管怎么着，任何东西能抓住了不放，持之以恒一直往前走，多少总是会有点成绩吧！"

2017年6月8日，北京协和医院转化医学大楼奠基时，88岁的刘彤华参加了奠基仪式。她用那双依旧清澈的目光望着眼前的工地，想象着即将拔地而起的高楼的壮观模样，心中感到无比期待和欣慰。从走上病理之路的那天起，她就知道自己所做的所有工作，取得的所有成果，最终都应该转化为万千病人的福祉。尽管，更多时候她看不到这些活生生的病人，但她在心底深处从未忘记过、离开过他们。

第七章

春风桃李花千树

刘彤华严格传承了老协和的启发式教学法，很少直接把结论告诉学生，而是将诊断和科研的思维方式传授给他们，使之融会贯通后自己寻找问题的答案。她明确要求学生们"做诊断时，不写初步判断，就别送我这儿来"。对此，学生们都老老实实去钻研学问，谁也不敢偷懒走捷径。

在北京协和医院病理科，无论专家、教授还是刚来的年轻医生、技师，大家都习惯称刘彤华为刘老师，在学生们的眼里，他们的刘老师爱而不苟，严而不厉，不仅严谨、博学、勤奋，而且正直、开明、无私。

世事有代谢，往来成古今。从1953年正式执教开始，正像老一辈病理人一样，刘彤华始终没有忘记自己肩上的另一种责任，那就是做好传帮带，为国家培养一代又一代病理人才。

"只要有一个学生也得认真讲"

1962—1964年，王正国曾被军事医学科学院野战外科研究所的领导安排到北京协和医学院病理系进修。如今已是著名野战外科学家、中国工程院院士的他回忆说："当时的进修生主要是协和医院和医科院其他医院及研究所的临床医生或研究人员。学习内容主要是在上级医生指导下做尸检和临床标本的病理诊断。此外，还参加每周举办的文献报告会及全市临床病理讨论会。这种紧密结合临床实际的学习方法十分有效，对我们业务水平的提高有极大帮助。"

当时指导他们学习的导师有佘铭鹏、臧旭、丁濂、刘彤华等，其中，刘彤华老师具体的帮、带对象更多。王正国印象比较深的一件事是，"一次在观察外检标本时，曾发现有一例是食管癌肉瘤，这种病例甚为少见，我对此没有什么认识。刘老师对我进行辅导，告诉我正确的诊断，并要求我查阅有关文献，整理好资料，写一份病例报告投《中华病理学杂志》。我对刘老师说：'这是您的研究成果，文章作者理应是您。'但是刘老师坚决不同意写上她的名字，并让我作为唯一作者发表。虽然这是一件小事，却使我从中感到她对学子的关爱和淡泊名利的品德。此后，每当我的学生要以我的名字作为他们论文的第一作者时，我总是坚决拒绝，这一点就是跟刘老师学的。"

1964 年 6 月 后，王正国由于从事野战外科研究，其工作单位和家人从北京迁往重庆，那时留在北京学习的他周日只能在病理系读书。"刘彤华老师担心我一人寂寞，专门请我和另一位进修生到她家吃饭。当时她家的住房条件并不好，是一套半地下的居室，但收拾得很干净，菜肴十分丰盛，都是她亲手做的，使我们感到特别温馨。"

2006 年，刘彤华院士（中）、王正国院士（右）参加科研成果评审会议

虽然王正国离开北京回到重庆工作后与刘彤华联系不多了，但岁月的流逝并没有淡化他对刘彤华老师的美好印象和崇敬之心，他说："刘彤华院士是我最尊敬的老师之一，我跟随她学习的时间不长，但她的人品和治学态度，一直是我学习的榜样。"

刘彤华特别重视对基层医疗机构的教学。在 20 世纪 60—70 年代病理科建科初期，虽然科里只有一两位进修生，但她仍十分认真地备课、讲课。那时候，教学条件很差，连照相、幻灯设备都没有，讲义册上的病理图片也都是简单地套印。她就用粉笔在黑板上画各种图谱，手把手地教进修生如何在显微镜下看片诊断。看着刘彤华在完成科里本已紧张的业务工作之余还要再投入这么多精力给进修生教学，一次，王德田忍不住对她说："就这么几个人，有什么可讲的！"但刘彤华很干脆地说：

"只要有一个学生也得认真讲！"

1973 年，北京军区总医院（今解放军总医院第七医学中心）首任病理科主任曹希贤当时还是医院检验科的一名化验员。医院为了培养他，便把他送到北京协和医院病理科进修。没有任何病理学基础的曹希贤，刚来时连细胞是什么样都还不认识，刘彤华就在纸上一笔笔给他画出细胞的形状进行讲解："这是鳞癌、腺癌，那个是印戒细胞癌⋯⋯"曹希贤在刘彤华手把手的悉心指导下，认真钻研学习，一年进修期结束后，回到医院就把病理科工作拿起来了。

很多进修医生在和检验科原主任李林座谈时都谈到，"刘彤华大夫为人比较严肃，一心扑在业务上，可对他们却很和蔼，总是仔仔细细地为他们讲授知识，答疑解惑，对每一个人都非常关心。"

王立峰记得，北京春天的沙尘暴刮起来昏天黑地，即便在那样的天气里，当时已七十多岁的刘彤华也早早坐在办公桌前开始一天的工作，而赶上给进修医生讲课更是一丝不苟，从不迟到，从不缺课。

王立峰进修期间，恰逢抗击"非典"的特殊时期。她回忆，作为进修医生，虽然整日待在病理科，但仍然感受到了全院上下那种紧张的气氛，医院里来去匆匆的人们都只能看到两只眼睛，让人不自觉地心里一紧。尽管刘彤华的工作异常繁忙，但细腻的她还是感知到了他们内心的几许不安和焦虑。她比平时更加关心他们这些进修医生的工作与生活，不仅教会他们如何进行正确的自我防护，还时常用乐观、温和的话语舒缓大家内心的焦躁，鼓励大家以更加积极的心态面对特殊的工作环境，踏实做好自己的本职工作。

独树一帜的教学方法越品越有滋味

对刘彤华的学生来说，她的课是大家最期盼的。每当刘老师讲课，大家都早早地等候在桌前，教室里常常座无虚席。她的讲课内容总是紧扣临床病理诊断实践，将博大精深的理论与她自己多年积累的丰富诊断经验相结合，讲起来深入浅出，条理清晰，使病理学这一较为枯燥的基础学科成为学生们最喜欢的课程之一，就连科里已经很有名望的专家听起课来也是全神贯注、频频点头，每次听她的课都能从中获得新的收益。

刘彤华长期担任中国协和医科大学临床学院病理学教研室主任，在病理课教学中，她总会根据协和八年制的特点不断改进教学方法，每章结束后会安排尸检病例讨论，以加强学生对所学内容的理解。

每次外出讲课或在学术会议上做讲座，刘彤华都会认真查阅文献、病例资料和准备幻灯片，每次讲的内容都不一样。她要求自己只讲最新的学术进展，如涉及诊断病理学，则要更换不同病种，要重点选择疑难的、有新的诊断指标的病种进行讲授，尽量不重复同样的内容。

曾担任过北京协和医院副院长的马遂教授，1963年刚进入协和医院工作不久，就听说刘彤华老师的教学相当严谨且有特点。多年后，他仍然清晰记得当年刘老师曾费尽心思地将多个器官的细胞放在同一张切片上，以考查大家是否能正确分辨出不同的细胞。这个独特的教学细节让当时还是年轻住院医师的马遂一下子加深了对各系统组织细胞的认识。

1978年，陈杰从哈尔滨医科大学考入协和医院病理科，有幸成为刘彤华的第一代研究生。虽然在哈尔滨医科大学做过一年多助教，也参加过一些尸检及讲课教学，但对年轻的陈杰而言，临床病理的大门刚刚打开，是刘彤华老师真正引领他一步步走入深奥的病理世界。

当时，刘彤华给陈杰确定的科研题目是胰腺癌。除了大量阅读文献，在刘彤华指导下，陈杰几乎把协和医院建院以来有关胰腺癌的所有切片和蜡块都找了出来，刘彤华教陈杰制作能观察病变全貌的大切片，手把手同他一起阅片，教他如何从复杂纷繁的形态学观察中找出那些隐藏的规律，发现不易察觉的病理特征。

1996 年，刘彤华（左）和陈杰（右）合影

　　陈杰教授回忆，在处理早期胃癌的标本时，刘彤华老师会要求他们每例都要临摹画出胃的大体图，然后结合所取材的切片，详细地勾画出癌的范围、胃黏膜不典型增生的范围以及不典型增生和癌分布的关系。她对学生们解释说："早期胃癌是未侵及肌层的早期癌，如果不认真地观察标本，如何能确定是早期胃癌？如果不彻底检查，又如何能确定其范围以及特点？"

　　刘彤华的第二批研究生赵恭华，曾在刘彤华指导下负责院外会诊一年，她每天要做的工作是对外院寄来的切片进行登记、编号并预诊，然后交刘彤华审核。"每一例她都会用红笔进行认真修改，对诊断错的，她毫不客气地用红笔画一道红线删去，写上正确的意见。这一道道醒目的红线，督促你要去查书、学习，提高学习的自觉性。"赵恭华说，这一年是她从事病理工作的关键一年，从中学到了病理的诊断方法、思路并学会了查找文献，为日后打下了牢固的基础。她举例说，在诊断恶性肿瘤时，有一个重要的指标就是肿瘤细胞的"浸润"，对这一常见的病理学术语内涵的真正理解，也是在刘彤华老师的启发引导下，通过自己的不断观察实践而豁然领悟的。

刘彤华严格传承了老协和的启发式教学法，很少直接把结论告诉学生，而是将诊断和科研的思维方式传授给他们，使之融会贯通后自己寻找问题的答案。她明确要求学生们"做诊断时，不写初步判断，就别送我这儿来"。对此，学生们都老老实实去钻研学问，谁也不敢偷懒走捷径。

在平时的病理诊断教学中，刘彤华要求学生别人报出其一，我们要尽量报出其二，总之，"要打开思维，多想一步"。这一点让协和病理科副主任医师任新瑜体会尤深，有些病例，如果没想到，再简单也可望不可及。她记得，有个病例肿物明明长在甲状腺部位，手术医生也明明写的是切的一侧甲状腺组织，可病理切片上偏偏就没有看到甲状腺的任何蛛丝马迹。外院的医生对此百思不得其解，只能怀疑病人得的是转移癌或者淋巴瘤，吓得病人不远千里跑到北京会诊。可到了协和医院病理科，刘彤华一看，刷刷写下几项免疫标记。等实验室结果一出来，果然，原来只是个异位的胸腺瘤而已，不是什么恶性肿瘤。

2014 年 12 月 22 日，北京协和医院医教研委员会全体委员聘任会

"总是要等到刘老师发了报告以后，大家才拍着脑门说，是啊，我们当时怎么就没想到呢？还有一些病理诊断，即使发出，还是有些人不明白，但听刘老师讲解后才恍然大悟，如醍醐灌顶一般，不由得心服口服。"任新瑜禁不住感慨地说，"病理诊断的知识如此之深，非要有心、有识、有悟之人才能明白奥秘所在。刘彤华老师讲的每一句话都可能是她长期工作经验的精华提炼，有很多是书本和文献所查不到的。"

在刘彤华的学生们眼里，正是这些不经意间点点滴滴的知识传授和"打开思维，多想一步"的提醒使他们在病理诊断工作中少走了不少弯路，并在实践中越细品越有滋味。这可能就是刘老师独树一帜的魅力所在。

"做科研不能有半点弄虚作假"

20世纪80年代中期，病理科刘鸿瑞教授当时还是一名学生，通过对有关结节病病例进行总结，他撰写了24例结节病活检组织检查病理分析的初稿交由刘彤华老师审阅。刘彤华让刘鸿瑞把与论文相关的所有病理组织切片和资料提供给她，她先埋首办公桌前认真复阅了全部的切片和资料，然后又对文章做了细致的修改后才交由刘鸿瑞拿去发表。刘彤华对待学术研究的这份严谨态度对刘鸿瑞触动很大，"以后无论是科内或与临床合作的文章中有关病理的部分，我都会坚持复阅每一例组织切片和相关资料，力求做到认真、客观、实事求是。"

2005年9月，张静在北京协和医院病理科开启了研究生阶段的学习。当时，刘彤华正要安排一名研究生来从事霍英东基金会资助的有关肺癌的靶向治疗研究，张静成了这个幸运儿。张静记得，自己第一次见到刘彤华老师，就被她和蔼亲近的笑容所感染。老师简单询问了一些她的个人情况后，便开始向她讲述有关课题的具体内容。当时她一边听，一边在心里打鼓，对于没有任何科研实验基础的自己来说，这个课题无疑是个大难题。

按照刘彤华的叮嘱，张静一方面恶补分子生物学相关知识，一方面着手进行实验准备。可是一个多月过去了，实验仍然没有突破性的进展，提取肿瘤 DNA，然后进行 PCR 扩增，实验进行了几乎上百次，仍然没有得到靶基因扩增的完整序列。当她怀着无比沮丧的心情将结果汇报给刘彤华时，刘彤华很平静地对她说："没关系，我相信你，阴性的结果也是结果，不是所有实验都能得到阳性的数据的，但我们一定要实事求是，做科研不能有半点弄虚作假。"

刘彤华老师的一番话给张静带来莫大的鼓励和支持。经过数次尝试后，她终于找到了解决问题的关键，除了少数病例因为实验方法的局限性没有得到结果外，大部分病例均得出了满意的结果。她将实验结果记录下来，刘彤华鼓励她把它写成科研性的文章。张静说："我第一次写成的文章，虽说不上漏洞百出，但也是问题频出，刘老师利用周末休息的时间，逐字逐句地进行修改。当我看到那布满了红色批注的初稿后感动万分，我是如此庆幸，在我的学习生涯中，能够遇到如此赤诚仁心的恩师。"

刘彤华的学生们都清楚，老师始终强调每一个数据的真实性，如果数据不对，不管你做了多长时间，她都会严格要求学生重新来做。对刘彤华来说，她从没想着自己的学生要做出多么惊天动地的大成果，她对学生的要求客观、实际，"只要是能站在科研前沿实实在在做出点事情即可"。她坚持"知之为知之，不知为不知"，从不沽名钓誉，特别看不惯学术领域的功利浮躁之风，痛恨任何的学术造假和学术不端行为。

任何一个见过刘彤华的人，都会对她"直如朱丝绳，清如玉壶冰"的耿直、坦诚、敬业留下深刻印象。王正国院士说："刘彤华老师从不说假话或奉承话，也从不隐瞒自己的观点和看法，她最讨厌虚伪。待人以诚信，这是做人的基本准则，刘老师在这方面也给我们树立了榜样。"

作为北京协和医院学术委员会委员，不管是讨论科研课题申请，还是论证科研成果及论文报告，刘彤华都会认真仔细聆听，并且总是公正、客观地做出评判，提出中肯的建议，从来没有任何关于面子、功利的计较。

北京协和医院党委办公室原主任顾文英回忆说："有一个时期医院对工农兵学员能否晋升主任医师存在不同看法：有人持反对意见，认为工农兵学员没上过正规的大学并获取学历，不具备晋升主任医师的资格。但刘彤华坚持认为，不少工农兵学员出身的医生一直刻苦钻研医学，勇于实践，长期奋斗在临床工作的第一线，具有丰富的临床知识及技能，已具备主任医师的资格，应该可以晋升。"

2002 年，北京邮电总医院并入北京协和医院后成为协和医院西单院区。在北京邮电总医院搞细胞病理学研究的孟芝兰来到协和病理科工作。刘彤华对她的到来没有任何偏见，积极支持她开展细胞学研究。在孟芝兰面临职称晋升时，有人说她是从西院来的，没资格在东院晋升。刘彤华听了不以为然，坚持认为评职称要看能力、水平，而不应该以东院、西院来分。后来，孟芝兰以自己的学术实力如期评上了副主任医师及主任医师。

刘彤华做人做事真诚守信讲原则，这点让丁华野教授体会尤深。

2008 年，丁华野教授主编了《乳腺病理诊断和鉴别诊断》一书，刘彤华院士担任主审，还为书撰写了序言。令丁华野教授感动的是，书籍出版前正赶上刘彤华院士骨折住院，看着躺在床上被限制活动虚弱的刘院士，丁华野不忍心折腾她，就说："要

2009 年 11 月，刘彤华院士（左）和丁华野教授（右）合影

不就请您的学生代审一下吧？"可刘彤华说："我当主审我不能不看，这个误人子弟的事不能干，是吧？"她最后坚持在病榻上特别认真地审阅了这本书，提出了许多具体的修改意见，使这本专著保持了较高的水平，出版后非常受欢迎。

"给他们一个好的发展平台比什么都重要"

1996 年，时任北京协和医院副院长的马遂为了将老一辈协和人的优良传统继续传承下去，提出诸如"24 小时负责制"等培养举措，认为这样做可以加强住院医师的培训和管理，使住院医师得到集中的强化训练。

但当时这个制度提出后，反对的意见很多，其中包括一些住院医师也认为这样做不符合《中华人民共和国劳动法》关于 8 小时工作制的规定，即使一些老大夫，支持该意见的人也不多。但是，刘彤华站出来明确表示支持这个提议。马遂为此感慨地说："刘彤华老师对协和的传统和精神的体会很深，她很清楚如何才能培养出真正优秀的青年医师。"

在刘彤华看来，医学生在完成了医学院的基础教育后，真正的培养和磨砺是在医院里做住院医师的阶段，医生的成长必须经过临床实践的摸爬滚打。

在积累实践经验的同时，刘彤华认为年轻医生也要不断打开眼界，积极参加国际学术交流，向国外学习先进的理念和技术。在协和医院，刘彤华很早就开始和陈敏章、朱预等共同筹划选送优秀人才出国学习的规划，并大力促进其稳步实施。

1960 年，刘鸿瑞被分配到中国协和医科大学病理教研室任助教，在无课时，他也参加临床病理工作，开始有机会向刘彤华老师学习临床诊断病理。20 世纪 80 年代初，刘彤华亲自联系，帮刘鸿瑞到美国斯坦

1999 年 5 月 18 日，刘彤华（左四）、刘鸿瑞（右三）在首都医科大学附属北京儿童医院参加研究生毕业答辩会

福大学医学院病理系学习人体病理与呼吸病理。刘鸿瑞教授说，虽然学习时间很短，只有一年，但对他回国以后在科里开展医、教、研工作有莫大的帮助。1985—1995 年，刘鸿瑞担任病理科副主任，协助主任刘彤华在科里开展了大量卓有成效的工作。

曾担任过协和病理科主任的崔全才教授，与刘彤华共同工作过二十多年。他回忆，他从大学毕业当上一名病理科住院医生，到成为一名协和医院的教授，每一步的成长都离不开刘彤华老师的培养和教育。早在 1985 年，刘彤华就帮他联系到香港玛丽医院学习，一年的学习使他在病理诊断水平上有了很大的提高，对他一生从事临床病理诊断工作产生了深远影响。

相比于其他医学专业领域的交流，由于缺少经费，同时也很难找到资助，病理医生要出国参加国际会议相对比较困难。刘彤华自己有限的几次出境学术交流，比如，1985 年她和复旦大学附属肿瘤医院张仁元教授受邀去悉尼参加国际病理学会澳亚分会会议，1998 年法国尼斯参加国际病理学会（International Academy of Pathology, IAP）会议，以及 2002 年去美国奥兰多参加美国临床肿瘤学会（American Society of Clinical Oncology, ASCO）学术交流等，经费来源多是邀请方资助、朋友资助以及自费等。

1998 年 10 月 23 日，刘彤华在法国参加第 22 届 IAP 会议

每每有出国（境）短期开会和接待外宾的机会，刘彤华就会不失时机地主动争取资助，选送科里人员出国（境）学习进修。她知道过去的年代想要谋求一个深造的机会有多难，所以只要有可能，她就一定要想方设法把人才送出去学习。其中，有一些青年人学成归国后在病理领域取得了出色的成绩，还获得了中国科学院青年奖励基金。

在六十余年病理职业生涯中，刘彤华将一切出国深造的机会都让了出来，而她自己却没有真正能出国进修学习过一次，为此她常常笑称自己是"土包子"。尽管她内心里对于学习深造的渴盼是那样强烈，但她觉得自己这么做是值得的，年轻人脑子活、精力旺，给他们一个好的发展平台比什么都重要。平时，只要国内外有针对性强的学术会议，她总是从自己并不宽裕的科研经费中挤出钱来让学生们去增长见识，千方百计为年轻人的成长铺路搭桥。

2002 年 5 月，刘彤华在美国奥兰多参加 ASCO 年会

2008年6月16日，刘彤华（右一）去瑞典乌普萨拉大学病理系开展学术交流

"遇见刘老师是福分"

对刘彤华的很多学生来说，这辈子最幸运的事，是遇到了刘老师，并有幸成为她的一名学生。

现任协和病理科副主任的吴焕文，当年从武汉同济医科大学临床医学本科毕业后，硕士研究生推免选择了武汉大学的病理学专业，当时他就下决心，3年后要报考北京协和医院刘彤华院士的博士研究生。当2006年他被协和通知参加面试时，心里却开始忐忑不安起来，担心这么大牌的院士会不会事先就有"内定"。然而，整个招考过程让他感到特别公正，完全是靠成绩和实力表现作为录取标准。

吴焕文作为博士生被招到科里来后，他发现，刘老师对学生特别负责，在选题、开题、中期考核、论文写作、论文答辩等学习的各个环节，都给予悉心指导和帮助。《诊断病理学》的第4版准备再版时，刚刚晋升副教授不久的吴焕文有幸被刘彤华老师提携参与全书最重要的第一章绪论部分内容更新的撰写工作。吴焕文看过刘老师以前写的绪论，完全没有任何的虚话、套话，每一个字都透着务实。这让吴焕文感觉压力很大。他在刘老师的指导下，反复揣摩学习借鉴着老师严谨、简明、求实的行文风格，出色地完成了绪论部分内容的更新撰写工作。

任新瑜记得第一次听到刘彤华这个名字是她念硕士的时候。当时，他们一帮实习同学跟着会诊老师在多头镜下看疑难病理，老师让他们去查阅《诊断病理学》。她看到师兄打开一本厚厚的书，接着是刘老师睿智而温和的照片映入眼帘。那一刻，她为之一震，问，"这是谁呀？"师兄告诉她，"就是此书的主编，是当今病理界最厉害的人，唯一的院士，北京协和医院病理科的刘彤华。"

"刘彤华"这个名字被任新瑜默默记在了心里。当时她正面临硕士毕业，是直接工作，还是继续学习？她还没有想好。但与刘彤华的这次纸上"偶遇"，让她明确了自己的选择：如果继续学习，就要师从中国最好的病理人，否则就工作养家。

临近毕业时，她专程到北京协和医院投了一份简历。虽然知道应聘这里希望渺茫，但她想怀着朝圣的心，瞻仰一下圣地也就心满意足了。那一刻，她突发奇想，特别想见一下刘彤华老师，于是鼓起勇气一路打听到了病理科。

多年后，她仍清晰记得在狭长的走廊尽头，一位鹤发童颜的老者站在门口说着什么，声音不大，却很威严、很有穿透力。门口有几位年轻些的老师一边听一边在频频点头。她想，这大概就是刘老师了。于是，等别人散去之后她就大胆敲了门。刘彤华老师亲自为她开了门，那是她第一次真切地与刘老师面对面，书中那位面善的长者立在眼前显得更加生动慈祥，一点没有被陌生人打扰到的惊奇和怀疑。任新瑜一时间显得有些紧张，连忙说，"我想考您的博士，但不知道看什么书，特地来问一下"。当她提到自己是从武汉过来的时候，刘彤华转身从抽屉里找出一封信，问，"这是你写的吗？"来信者在信上说也要考她的博士。任新瑜摇了摇头，心想仰慕刘老师的人好多呀，竞争肯定很激烈。

刘彤华告诉任新瑜，协和的考试从不刁钻，都在教材上，还跟她说考病理的博士，基础课不考组织胚胎学，考的是细胞生物学。因为做基础科学，研究细胞生物学知识非常重要。对任新瑜来说，细胞生物学是一门全新的课程，之前完全没有接触过。刘彤华便推荐她去找基础所的一位细胞生物学老师，请那位老师推荐一本教材以便复习使用。临走时，刘彤华还向她详细指明了去基础所的方向。

没想到第一次去协和老楼，任新瑜就凭着刘老师指点的路线，左弯右拐，一路穿行中国医学科学院与协和医院的通道顺利到达了基础所。时隔多年，她总觉得那天与老师的见面是个"奇迹"。后来任新瑜如愿成功考上了刘彤华的博士研究生，但入学报到后有半年的时间，不知为什么她都会在协和老楼里迷路，她不得不在心里叹服当年刘老师指明的路线十分精确而好记。

更让任新瑜感动的是，刘彤华老师对学生爱护有加，同时也设身处地为学生们着想。有一次刘老师发表论文时，根据当时论文的发表要求，需要补充做动物实验。由于杂志编辑部给到的修稿日期期限比较短，需要立即着手进行，而此时任新瑜的师兄已经毕业并开始在新单位报到工作了。当时正值假期，刘彤华的学生只剩下她一人。刘彤华征求任新瑜的意见，问她能否完成补做动物实验的工作。任新瑜当时还没有开题，正处在查资料阶段，她想可以借此机会学习一下实验技术，于是爽快答应补做动物实验的工作。实验得以按期完成，文章也顺利发表。让任新瑜感到意外并大为感动的是，刘老师不仅给了她劳务费，还把她作为第二作者列入了文章署名。后来再谈起这件事时，刘彤华还总是对她说："我欠你一个假期。"

任新瑜之所以对这件事记忆犹新，是因为同期有一位同年级的同学考取了别的学校的研究生，整天为师兄、师姐做实验，自己却什么都没有得到，后来因为做实验太晚被锁在实验室里，为了出去，跳下窗台时，不小心摔断了腿导致无法继续科学研究，最后一无所获地退了学，"跟她比起来，我觉得遇见刘老师真是自己的福分。"

任新瑜工作以后，有一次因为取材描写的事情，她一时没忍住顶撞了科里的一位老师。一向温和的刘彤华知道了十分生气，她跟任新瑜说："一定要尊重科里年资高的老师，不能高傲自大，目中无人，协和是一个大浪淘沙的地方，如果不能虚心修炼自己的专业本领，总有一天会被淘汰的。"

老师的话被任新瑜牢牢记在了心里，"直到现在，我一刻也不敢放松，时时提醒自己，向所有可以学习的人学习，利用所有可以学习的路径学习，不断充实自己。"

在回忆往事的时候，任新瑜特别感谢那位现在她都不记得姓名的师兄，正是他无意间翻开了《诊断病理学》一书的章节，让自己有缘与刘老师相遇，并因此开启了自己崭新而有意义的人生篇章。

在刘彤华眼里，学生是和其他工作人员一样重要的人，她爱护自己的学生，也尊重这些学生的劳动。平时，无论对方地位、身份如何，刘彤华都会一视同仁给予同样的尊重。让现任病理科主任助理、副主任医师师晓华感动的是，刘老师每天都会对为她开电梯的工人诚恳地说声谢谢，这一切源于她骨子里对人充满善意的理解和尊重。

病理学界的许多学生、晚辈都庆幸自己能有缘与刘彤华老师相遇、相知。笪冀平教授当年研究生毕业答辩时，听导师李维华教授说要邀请刘彤华教授作为答辩委员会专家时，私下里还真紧张了一番。因为，他听说刘彤华教授平时特别认真、严厉，不苟言笑。笪冀平记得在答辩过程中，刘彤华教授对形态描述格外重视，针对他显示的一张幻灯片上的图像认真追问"有无电镜观察结果"，并解释说："这些结构不是神经内分泌肿瘤特有的，需要免疫组织化学或电镜证实。"此外，还就其他

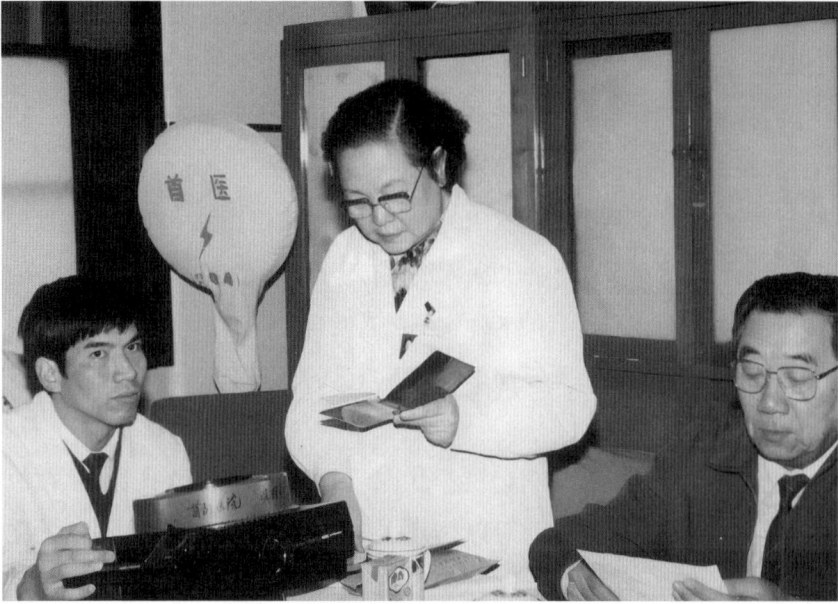

1991 年 12 月 16 日，刘彤华（中）参加研究生答辩

问题一一进行了提问。虽然神情里有几分严肃，但整个过程让笪冀平感到没有一丝要考倒你的感觉，反而是在帮助和启发你的思路。笪冀平的论文答辩顺利通过，刘彤华教授严谨的治学作风和宽厚的胸怀给他留下了深刻的印象。

妇产科教授朱燕宁 1978 年就读于中国协和医科大学研究生院，后来在北京协和医院妇产科研究妇科病理。她回忆，她的导师曾因公去国外一段时间，其间就把她毕业的相关事宜托付给刘彤华教授，因此她的毕业论文和答辩是在刘教授的帮助下完成的。当时，刘彤华逐字逐句地为她修改论文，甚至连标点符号都认真帮她纠正。时隔多年，朱燕宁仍充满感激地说："如果没有她的帮助，我恐怕不能按期毕业。毕业以后多年来在工作上、生活上的很多事情，高兴的、烦恼的，我都愿意向她倾诉，听取她的建议。"

"在她手把手的传帮带下，一个个都安心下来了"

北京协和医院原医技党总支书记刘静华和刘彤华相识共事近半个世纪，彼此间有深厚的了解。她说，刘彤华特别重视人才培养、队伍建设。培养什么样的人，使用什么样的人，她心中有一杆尺子。选人首先选德要好的，德好是她选人用人的标准。

在刘静华看来，一个科室有好的领路人、好的导师，能为年轻人开道铺路，对科室的员工来说的确是无比幸运的。

为了避免科内可能出现的无序竞争，刘彤华对每位学生的发展都有明确的规划，给予其明确的侧重方向。对科研型学生，她带领着他们围绕"癌中之王"的胰腺癌作为课题进行攻关：从胰腺解剖部位的特殊性到胰腺癌组织生长方式的特殊性，从免疫组织化学表达到特殊基因改变，一步一个脚印地研究、追寻着胰腺癌发病机制；对于临床型学生她却是另有要求：踏踏实实工作在临床病理一线，必须具备扎实的病理形态基本功，且经常通过让学生对会诊切片"预诊断"来检验其诊断能力和帮助学生

2003 年，刘彤华（右）与梁智勇博士后出站答辩合影

1998 年 7 月，刘彤华（右）与博士研究生许雅毕业合影

提高诊断水平。

在刘彤华的引领下，病理科形成了人才结构合理的业务梯队，骨干队伍茁壮成长，科室事业欣欣向荣、人才辈出，病理科一些年轻的专家教授也都享誉全国。他们有的是刘彤华的学生，有的是在刘彤华点滴培养之下成才的。正是刘彤华对病理科人才培养的规划，才使得北京协和医院病理科一直都是全国最强的病理团队之一。

病理科成长壮大的事实教育了大家，也改变了过去人们不重视病理，看不起病理的错误观念。刘静华说："以前每年一批批大学生分配到协和医院来工作时，被分到大内科、大外科和其他一些临床科室的都眉开眼笑，而被分到医技科室的则垂头丧气，有的还哭鼻子。后来，随着病理科的蓬勃发展，年轻人感到在病理科不是大材小用，而是有学头、有干头、有奔头。在刘彤华手把手的传帮带引领下，年轻人一个个都安下心来，不少人还争先恐后抢着要来科里学习和工作，这些常被其他医技科室的人们所羡慕。"

除了学业、事业，情感细腻的刘彤华也时时刻刻关心着科里学生们的生活和情感。科里不管是谁生了病或者遇到困难，刘彤华总会给予关心慰问，甚至有时亲自出面请专家给予诊治。刘彤华的博士研究生许雅在做住院医期间怀孕了，有先兆流产表现。刘彤华得知后，立即让她回家休息，以后还经常问及孩子及家里的生活情况。她也会操心学生们的婚恋，看到自己的学生追女孩追不上，她会替他感到着急，"人家不喜欢你，你别死乞白赖，换个目标追啊！"

在任新瑜眼里，刘老师既是严厉的老师，又是可亲的长者，她的话总是睿智而幽默，她的笑总是童真而优雅……刘彤华晚年时，任新瑜和科里其他年轻人总想着去陪老师聊聊天，但每次去，刘彤华都十分过意不去，怕耽误了大家的工作。她总说："我们那一代人命苦，年轻的时候有日本鬼子，壮年的时候又有各种运动，等到可以安安心心工作了，人又老了。"她总羡慕现在的年轻人，国家和医院提供了各种各样好的学习机会，要大家好好珍惜这样的时光。

在近 70 年的病理教学工作中，刘彤华培养了五十多名硕士生、博士生和博士后，进修生不计其数。她的学生遍及大江南北、五湖四海，在各自的工作岗位上，延续着她的品格与风范，为病理事业的发展贡献着自己的力量。

和刘彤华并肩战斗了四十多年的王德田，亲眼见证了刘彤华对教学工作发自骨子里的热爱，对人才培养不知疲倦地投入。直至 80 岁高龄，她仍然坚持在教学岗位，主讲消化系统和软组织系统，一讲就是两三个小时。平时看病理资料只要发现有疑难罕见病例，她都要悉心搜集起来用于讲课，并且时时督促着科室内部的教学工作。在晚年，即便疾病缠身，刘彤华每天还都渴盼着能看看低年资医生送上来的外检片子，以便将自己发现的问题和掌握的经验多多告知和传授给年轻人，让他们少走弯路，诊断能力提高得快一些，再快一些。"从最开始的粉笔、黑板，

刘彤华（左）与王德田（右）在长城留念

到现在的幻灯、电脑，只要你愿意学，她就会把自己毕生所积累的全部知识和经验倾囊相授，没有一丝一毫的保留，这种无私不是所有人都能做到的。"王德田由衷地赞叹。

在刘彤华的带动下，北京协和医院病理科教学工作成绩斐然。病理科承担了北京协和医学院八年制本科病理学教学及研究生院博士生、硕士生的病理教学工作，成为全国住院医师规范化培训示范基地。病理课程成为"北京市病理学精品课程"；教学团队成为"北京市优秀教学团队"；陈杰教授主编的全国统编长学制《病理学》被评为"国家精品教材"。

1986 年，北京协和医院病理科获中国协和医科大学教学先进单位、北京协和医院教学先进单位。1993 年，刘彤华被中国医学科学院中国协和医科大学授予"协和名医"称号；1995 年，她获得国家教委颁发的"全国优秀教师奖章"；2002 年，她获得北京市"党的教育事业贡献奖"。

卞修武院士说："刘彤华院士为中国病理界培养了包括陈杰教授、梁智勇教授等在内的一大批优秀病理学专家，在人才培养上起到了非常重要的作用。更难能可贵的是，她身上严谨求实的学习品格和无私奉献、甘为人梯的闪光人格，成为全国病理学界宝贵的精神财富。"

从"几粒种子"到"一片森林"

2009 年 11 月 13 日，刘彤华院士迎来了 80 岁的生日。当年，也恰逢北京协和医院病理科建科 40 周年。在宾馆里，北京协和医院的领导，病理科的老同事、学生，以及来自全国各地的病理界同仁、专程归国的海外学子们齐聚一堂，表达了他们对心目中最可爱、最值得尊敬的刘老师的生日祝福。

2009 年 11 月 13 日，北京协和医院为刘彤华（左四）庆祝八十大寿

《中华病理学杂志》编辑部为刘彤华八十华诞奉上了这样的贺词：出梁溪八十载春秋持一身正气，入协和五十年风雨建病理伟业。

时任北京协和医院院长的赵玉沛将病理科 40 年的发展历程形容为"当初的'几粒种子'已发展成为现今的'一片森林'"——当初由刘彤华老师亲手播下的这颗生命的火种在"一穷二白"的基础上生根发芽，不畏艰难、茁壮成长，经过 40 年来的日积月累，实现了翻天覆地的变化。

在刘彤华院士 80 岁生日宴会上，赵玉沛院长用一句话概括表达了医院对刘彤华院士为医、为师、为长由衷的赞美和祝福："德高望重千年寿，恩育桃李万年长。"他代表院里向刘彤华老师献上了精心准备的生日礼物———副眼镜。"之所以选择眼镜，一是因为刘老师一生都在显微镜前辛苦奉献，这对她的眼睛造成了很大伤害。希望老师戴上这副眼镜，更好地保持健康，永远拥有一双明亮的眼睛，更希望老师继续用

2001 年病理科部分员工合影

一双深邃的眼睛辨别疑难杂症。同时，也希望老师用那明察秋毫的双眼，发现工作中的不足并随时指正！"

回顾数十年来科里取得的诸多骄人成就，刘彤华谦虚地说："个人的成就都是微不足道的，协和病理科能够发展壮大，综合实力能够一直保持全国领先地位才是最重要的。"

晚年的刘彤华，常常忆起自己和同事们一起筚路蓝缕走过的病理科艰难建科之路。在她 80 岁生日庆典上，她望着来到现场的路英杰、叶盛芳、王德田，充满深情地说："我们四个人今天还能在这里相聚，看到大家还健健康康的，我感到特别高兴。当年没有三个老同志和我一起艰苦创业，就没有协和病理科。"

2009 年 12 月，央视《大家》节目《刘彤华》一集的编导在手记中曾做过这样的记述："八点半，我敲门进了刘大夫的办公室。刘大夫当时正在显微镜下认真地看切片，我连叫了两声，她才应声转过头来，洗完手之后，坐到办公桌前。刘大夫的办公室不大，但是非常整洁，书籍、文具都摆放得整齐工整。初次见面觉得刘大夫很严肃，聊了近两个小时，她主要跟我讲了一些专业上的问题和对学科未来的担忧。不过我印象最深的是这句话：这个病理科搞不好，等我死了，我没脸见我的老师[1]。"

---

1 刘彤华的老师，此处特指是我国病理学的奠基人之一，早年毕业于哈佛大学医学院的胡正详教授。

第八章

心系同道助隽功

作为一名病理科医生，她解决了中国临床病理诊断的无数疑难病例；作为一名导师，她亲手培养了国内一大批优秀的病理杰出人才；作为中国病理学领域的学术带头人，她引领了一个时代的中国病理学发展。

"一花独放不是春，百花齐放春满园。"在倾心竭力把北京协和医院病理科打造成国内病理医教研学术高地的同时，刘彤华那清澈睿智的目光，也常常会穿越医院的围墙，望向更辽阔的远方，目光里有她对中国病理学事业，尤其是基层病理学事业发展深深的牵挂。数十年来，她以学术杂志为平台载体，通过与全国病理同道不断加强学术交流，推动着中国病理学发展与时代同频共振，尽己所能为中国病理人的生存和发展奔走呼吁。

把杂志工作当成分内工作，不图虚名只求实效

1955 年 4 月 28 日，《中华病理学杂志》在京创刊，成为中华医学会的系列杂志之一，中华医学会病理学分会首任主任委员胡正详兼任总编辑。在几代病理学家组成的编委会的学术引领下，《中华病理学杂志》在国内科技期刊中名列前茅，自 20 世纪 80 年代起，成为国内最早一批被国际权威生物医学文献数据库 MEDLINE 收录的学术期刊。

1981 年，刘彤华加入《中华病理学杂志》第二届编委会，之后兼任《中华病理学杂志》第三、四届常务编委，第五、六、七届副总编辑，第八届名誉总编辑。和其他老一辈病理学家一样，刘彤华对这本由老师胡正详教授亲手创刊的杂志有着深厚的感情。

从 1957 年起，刘彤华就开始为《中华病理学杂志》撰稿，从翻译医学新闻到发表论著乃至述评，共有各类文章二百四十余篇，内容涉及多个栏目，专业领域涵盖人体各个组织系统，横跨实验医学和临床医学等。

刘彤华把杂志工作当成自己的分内工作，不图虚名，只求实效，且一以贯之。她的言行举止给编辑部留下了深刻的印象，受到几代编辑人员由衷的尊敬和爱戴。

《中华病理学杂志》原编辑部主任蔡振国、霍临明均与刘彤华交往多年，他们回忆：尽管工作繁忙，但无论是提交约定的撰稿，还是批阅大量的复审稿件，刘彤华教授总是抓紧时间，按期完成，从不拖延。经她审阅的稿件均能给出明确的结果（刊用、退修或退稿），这使得编辑们能快速处理稿件，也使作者能及时得到教益和提高。

杂志每期刊出前，编辑部都要召开在京编委定稿会。几十年来，无论严寒和酷暑，刘彤华都按时参加会议，并在讨论中坚持原则，不讲情面。对于她所提交讨论的文章，凡达到刊出要求的一篇也不放过，但有问题的稿件，就算作者是专家、编委，她也不同意刊出，而是给出充分的理由予以退稿或提出具体意见要求修改后再刊出。

让中国人民解放军总医院病理科原主任韦立新教授印象深刻的是，在《中华病理学杂志》审稿会上，作为副总编的刘彤华始终以纯学术思考为出发点严格认真对待稿件，不接纳、不推荐"人情稿""关系稿"。经常见她为一篇有价值的稿件慷慨陈词，极力推荐；也经常见她为一些有问题的稿件毫不留情，痛下"杀手"。真正做到了"坦诚、公平、公正"，为学界同行所敬佩。

而对刘彤华来说，她提出的每一条审稿意见都要求自己做到言之有理、有据，为此她往往要事先查阅大量资料，从不妄下结论。

在刘彤华为杂志撰写的各类文章中，让编辑部特别称道的是她写的述评类文稿。述评属于比较难写的一类文章，作者须在该学术领域中有很高的造诣，还要有相当的洞察力，既能掌握当前国际学术进展的前沿状况，又能准确找出本国学术界存在的问题和解决之道。"刘彤华写的述评总是言简意赅、振聋发聩，并总是有明确的指导性意见。"

除写稿、组稿、审稿、定稿之外，刘彤华还带头组织召开和参加编委会举办的各种学术活动。

1987年6月，《中华病理学杂志》第一次"细胞穿刺技术在病理诊断中的应用专题座谈会"就是在刘彤华的提议下组织召开的，刘彤华出任大会主席并做全程指导，她还亲笔为专题会议撰写了述评。此后，1991 年、1997 年、2000 年和 2004 年，她又先后牵头组织了淋巴组织病理研讨会、乳腺病理研讨会、交界性病变及其诊断病理研讨会、第四届全国诊断病理和内分泌肿瘤病理及 SARS 病理学术研讨会。

随着免疫组织化学技术被越来越多地用于病理诊断和鉴别诊断，其规范化和标准化的重要性也愈加凸显。1996 年，《中华病理学杂志》编委会举办了全国免疫组织化学技术与诊断标准化研讨会暨学习班。此后，刘彤华持续关注着这一事关诊断质量的重要问题，在 2008 年第 12 期《中华病理学杂志》上专门发表了《免疫组织化学规范化的问题》之述评，从技术细节提示直至病理诊断中抗体的选择，均结合国际最新文献数据加以论述，给出了富有导向性的意见。

刘彤华认为，免疫组织化学作为一种辅助诊断技术，应根据 HE 切片所提供的信息选择相关的抗体来做诊断和鉴别诊断，如滥用免疫组织化学技术，不仅不能得出正确的诊断，而且是经济和时间上很大的浪费。免疫组织化学技术并不是抗体的种类用得越多越好，如果没有针对性应用，有些本来不是诊断和鉴别诊断必要的抗体，一旦出现假阳性反而会使诊断陷入困境，只有深入研究免疫组织化学原理和技术，做好免疫组织化学的规范化、质量控制，才能使免疫组织化学在病理诊断中起最大的辅助作用。

值得一提的是，1997 年，《中华病理学杂志》编委会组织召开乳腺病理研讨会后，刘彤华专门牵头召集专家们一起讨论和整理了杂志创刊以来的第一个组织学分类，即乳腺增生症及乳腺癌组织学分类（推荐方案），该方案刊出后受到业界广泛好评，也得到不少学者的引用。

为了进一步提高病理诊断水平，在刘彤华的积极支持和推动下，《中华病理学杂志》每年举办一次诊断病理研讨会。每次研讨会最受欢迎的环节是疑难病理讨论，座无虚席。

2005 年，在《中华病理学杂志》庆祝创刊 50 周年庆典活动中，刘

1999 年 4 月，《中华病理学杂志》第六届编委会全体成员合影
第一排右六：刘彤华

彤华分别荣获"金穗奖"（以表彰自杂志创刊 50 年来作为学术课题负责人为杂志提供诸多学术论文的学者）和"金笔奖"（以表彰自杂志创刊 50 年来以第一作者发表学术论文的前 50 名作者）第一名，可见刘彤华及她领导的协和病理科在国内病理学界的影响力，而她本人荣获《中华病理学杂志》颁授的"杰出贡献奖"更是实至名归。

20 世纪 90 年代初期，随着病理学科如雨后春笋般飞速发展，技术队伍不断壮大，学术交流日趋活跃，当时国内病理界仅有的两种杂志——《中华病理学杂志》和《临床与实验病理学杂志》已不能满足行业的需求，广大病理工作者渴望能有更多的平台来展示自己的成就和经验，吸纳新的知识，提高病理诊断水平。

1992 年，丁华野教授从第四军医大学（今中国人民解放军空军军医大学）调入北京军区总医院（今中国人民解放军总医院第七医学中心）病理科担任主任，他非常想借助北京专家多的优势，为基层病理事业做一些力所能及的事情，创办一本有助于基层病理医师和青年医师成长的专业性期刊，弥补彼时中国只有两本病理相关期刊的不足。

基于这样的考虑，次年秋天，丁华野和同事大胆地找到了刘彤华教授，刘彤华热情地接待了他们。当听说来意之后，她非常赞同和支持他们"创刊"的初衷与想法，建议要办就要办一本"接地气"的杂志。刘彤华推荐了李维华教授担任主编，廖松林教授为副主编，她本人担任名誉主编，共同参与推进杂志创办的各项工作。

　　据时任北京军医总医院病理科副主任的皋岚湘回忆，在杂志筹备工作中，摆在大家面前的是一系列问题：要办一本什么样的病理杂志？杂志起个什么名称好？它主要面向哪些读者群……那时，刘彤华主编的《诊断病理学》刚刚出版并深受欢迎，尤其是受到广大基层医院从事临床病理诊断医师们的喜爱。刘彤华教授建议，这本杂志要不就叫"诊断病理学杂志"吧，内容以临床病理诊断为主，办刊宗旨就定位在面向基层，为基层服务。

　　听了这个名字后，大家顿时眼前一亮："太贴切了！不但名字与众不同，也确定了这本杂志的宗旨，让读者一目了然。"

　　刘彤华和各位专家一起反复讨论确定了栏目的设置，囊括了论著、专家论坛、专题讲座、短篇报道、病例报告、文献综述、临床病理讨论、读片讨论荟萃、国外期刊文摘、WHO肿瘤新分类等，使杂志的专业内容丰富多彩，兼具科学性、实用性和可读性。对于封面的设计，刘彤华提议封面中央最好设置组织学图片，每卷更换图片，这样可以突出"诊断病理"的主题，观赏性也更强，她的设计理念也得到大家的一致赞同。

　　按照刘彤华的建议，《诊断病理学杂志》于国内率先采用大十六开、铜版纸、全彩图及国际通用的文字录入方法，尤其突出学术权威性、严谨性、创新性等，杂志的诞生在当时的病理界引起了强烈反响。

　　1994年6月，在《诊断病理学杂志》创刊号上，刘彤华亲自为杂志撰写了《怎样做好病理诊断工作》一文。文中，她特别强调在各种影像学诊断和其他先进的诊断方法高度发展的时代背景下诊断病理学的重要性，特别提出"信心、责任心"对于成为一名优秀的诊断病理学家非

1994 年，刘彤华在全军诊断病理会议上做报告

刘彤华院士（左）和丁华野教授（右）合影

常重要，"对本职工作一要热爱，二要有信心，遇到逆境不要气馁"。丁华野教授说："至今回想这篇文章，依然如沐春风。刘老师的文章以宏大视野和格局为青年和基层病理医师指明了前进的方向。"

在《诊断病理学杂志》创刊20周年之际，刘彤华语重心长撰写了《百尺竿头 更进一步》的文章。文中，她倾情回顾了《诊断病理学杂志》于1994年6月创刊（为季刊），1998年进入中国科技核心期刊，2001年改为双月刊，2013成为月刊，2011年入编中国核心期刊要目总揽等不平凡的发展历程。充分肯定杂志在推动我国病理事业发展中所起到的重要作用的同时，她也积极倡导杂志要更多地邀请病理科以外的多学科专家参与杂志文章的撰写工作，通过多学科的交流，丰富病理专科医师的知识范畴和学科交叉融合，并建议扩大刊登国内外期刊所发表的诊断病理新进展等专业文章和设立技术交流园地栏目，以利于提升专业病理科医师的认知水平和范畴，进一步强调了技术发展对诊断病理的重要作用。

丁华野教授介绍，在刘彤华教授的倡议下，《诊断病理学杂志》还多次组织相关专家将《WHO肿瘤组织学分类》（第2版，24分册）《WHO肿瘤组织学及遗传学分类》（第3版，10分册）等编译成书。在此基础上，人民卫生出版社对《WHO肿瘤组织学及遗传学分类》（第3版，10分册）给予出版发行。作为翻译专家委员会的名誉主任委员，刘彤华教授对编译工作进行了具体指导。译书出版后产生了广泛的社会影响，为推动中国诊断病理学与国际接轨，推进我国肿瘤病理规范化诊断进程，提高基层病理医生的诊断水平，培养病理诊断专业人才均起到了积极的促进作用。

如今，《诊断病理学杂志》已走过整整30年，依然焕发着蓬勃的生命力。刘彤华及老一辈病理学家为之所付出的心血也凝结在了岁月沉淀的纸张里。

作为曾经的中华医学会病理学分会常务委员、国际病理学会中国地区分会司库、《国际外科病理学杂志》编委、多届《中华医学杂志》中文版及英文版编委，刘彤华在借助杂志等学术平台积极推动国内病理学发展的同时，也致力于推动跨国（境）病理学术交流。

1985 年，由中国科协推荐，刘彤华去澳大利亚悉尼参加了国际病理学会澳亚分会组织召开的国际病理学会议。会议期间，她积极争取中国病理界加入国际病理学会（IAP），并力争 1990 年国际病理学会议在中国召开。在该会主席、软组织病理专家艾伦博士的帮助下，国际病理学会中国区分会于 1986 年正式成立。2012 年，在刘彤华的积极推动下，首届海峡两岸分子病理学高峰论坛在大陆成功举办。

既有全局性的眼光，又有对微观细节的敏锐洞察力

从 1952 年成为病理人的那天起，刘彤华亲历并见证了近 70 年的中国病理学事业发展历程。在用显微镜聚焦复杂微观的细胞形态寻找疾病真相的同时，她也用自己热切和犀利的目光时刻关注着病理学科的生存与发展，在时间的长河里思索病理事业的过去、现在和未来。正如她在显微镜下看片子做诊断一样，她对行业发展的思考既有从大处着眼的全局性、战略性眼光，又有对微小问题、细节紧追不舍的敏锐洞察力。

如何提升病理诊断质量，如何提高国内病理学的学科地位，如何改善病理医生的生存现状，如何推动基层医疗机构病理科建设……她把自己长久以来对中国病理学事业发展的诸多思考凝于笔端，在 1999 年到 2008 年近 10 年间，在《中华病理学杂志》《诊断病理学杂志》等学术刊物上发表了系列述评——《普遍提高诊断病理的质量》《国内医院病理科的现状》《病理医师与医疗法律纠纷》《国内诊断病理发展的机遇与挑战》……这些简约而深刻、坦率而犀利的文字，展现着她对病理学这门学科本质的清晰认识，也凝结着她一生对病理学事业的深深的热爱

和沉甸甸的责任。

刘彤华在这些述评中总结道，我国病理学的发展虽已近百年，但中华人民共和国成立前的四十余年发展十分缓慢。从事病理专业的人员少，只有几所医学院校开展尸检、活检和部分科研工作。中华人民共和国成立后，医学院和医院的数量大幅度增长，国内病理学也随之有了长足发展，病理医生和技术人员也成倍增多。

改革开放后，特别是 20 世纪 80 年代后期和 90 年代初期，国家开展一、二、三级医院评定以来，不仅省市级医院设有病理科，基层的区、县级医院也设有病理科。到 20 世纪末，全国各地包括边远地区的医学院校和医院都已有了病理科，科室的仪器装备和业务水平均有不同程度的提高。一些大医院病理科仪器装备也有所更新，如制片室由手工作坊式的操作，逐渐向半自动化或自动化设备升级，病理医生诊断最重要的工具也已由单筒显微镜更新成双筒高级生物显微镜，有些单位甚至已备有自动控制的显微镜。而电脑网络系统的建立，不仅能储存日常病理诊断资料，还能打印每日所需的彩色或黑白的图文报告。有些单位还购置有互动的远程会诊显微镜。由于频繁的学术交流及信息渠道的通畅，国内病理界的诊断水平也在不断提高，能紧跟国际诊断病理的发展，如及时引进 WHO 肿瘤新分类的系列丛书及各种最新版本的病理参考书，使病理医生对疾病和病变的新种类和新分类能及时掌握并应用于日常工作中。新技术如免疫组织化学技术已基本普及，分子生物学技术在诊断病理中的应用也日趋增多。

但总的来看，刘彤华认为全国各类医院（医学院校附属医院、大省市综合医院和地区县级医院）病理科的发展还是不平衡的。

平时，刘彤华在对各类疑难病理片子进行会诊时，经常会发现其中有一些来自基层医疗机构的病理片子因为制作质量不佳而导致难以诊断。为此，她常会不由得叹口气，久久凝视显微镜的目光里会显现出一抹深深的忧虑。她认为，提高日常病理工作的诊断质量是各级医院特别是基层医院的重中之重。

在刘彤华看来，一张质量上乘的 HE 切片是病理医生得出正确诊断的关键之一。许多所谓"疑难病理案例"大多是由于制片质量差，这种切片到各地去会诊只能是"仁者见仁，智者见智"，到 10 家会诊可能会得到 10 个或更多的病理诊断。她曾举例说："如一例纠纷案起因是腹水里找到癌细胞，但盆腹腔探查和手术后并未找到癌。病人因此将病理医师告上法庭。由于该病例涂片很厚，细胞重叠，所以会诊专家也是意见分歧，多数认为没有找到癌细胞，个别专家认为有少数癌细胞。如果原单位的涂片质量好，并多查几次腹水（细胞学一般应查 3 次），可能就不会发生这种纠纷。"

制片质量差不仅在中小医院病理科常发生，在有些大医院病理科也会出现。刘彤华说："随着医学事业的不断进步，医院各临床科室的发展进一步加大了诊断病理的任务，一些省市级大医院病理科的外检标本加细胞学标本，每日工作量可达 200 ~ 300 例，甚至更多。每日制片量 200 ~ 500 张不等，每个标本都需要经过编号登记、观察描写、取材（如手术切除大标本，每个标本须从不同部位取组织块，其量视标本大小和性质而异，少则 4 ~ 5 块，多则 20 块以上）、固定、脱水、浸蜡、包埋、切片和染色等十余个步骤（组织块在自动脱水机上，从固定到浸蜡就要经过 12 步），需要历时 24 ~ 72 小时才能制出一张常规 HE 染色的切片。如果需要运用其他辅助诊断技术，如免疫组织化学、电子显微镜或 PCR 等，则步骤更多。"

如何在繁重的任务压力下依旧保持 HE 染色的切片质量，如何做好免疫组织化学的质量控制，刘彤华认为，这是摆在病理人面前的重大课题。

她不断告诫病理界同行，病理诊断质量是病理学科的生命，不仅关涉患者安危，也是保护病理医生避免陷入病理医疗法律纠纷的关键。她认为，造成病理诊断错误的原因与病理医师及技术人员的专业水平和素质、切片质量、病理科的设备以及医院的大环境等都有关。她建议国内病理科应该借鉴国外已经开展的诊断病理的质量控制（quality control，QC）和质量保证（quality assurance，QA）管理举措，这是提高诊断病理质量和减少错误的重要手段。

在刘彤华看来，病理学事业发展的机遇很多，但面临的困难和挑战也不少，让她一度最感忧虑的是人才断层和人才外流严重。当年，在出国潮影响下，病理学界许多中青年医生和一些技术精湛的技术人员纷纷改行或出国。刘彤华将科里很多医生、技术人员送出国学习，但仅有为数不多的人能坚持回到病理科工作。每当提及这个话题，刘彤华的神色中总显出几分黯然。从内心深处她能理解年轻人为了生活、前途而选择不同的人生道路，但这一冷峻的现实也促使她对背后的原因以及当时病理人的生存境遇做了深入的思考：

第一，病理科经济效益不高。在很长一段时间里，国内医院病理科主要还是手工操作，不像其他科室有大型自动化设备，因此病理收费甚低，经济效益差。当时病理科一位医生的月收入仅为同年资临床医生的1/5 ～ 1/2，技术人员收入更低，医学院病理教研室教师如不参加医院病理工作其收入则更低。

她曾引用由李甘地教授主笔整理的《国内十三省市 629 家二、三级医院病理科现状的调查报告》：绝大多数二级医院外检量不足，细胞学检查量太少，又不具备开展免疫组织化学的条件；设备及用房硬件条件不足，人员构成不合理，这些二级医院病理医生、技术人员不仅收入低，而且晋升更困难，在种种压力下面临生存问题。

第二，病理医生责任重大。影像科医生诊断错了，病人、临床不会追究他们的责任，但病理如果诊断错了，有可能是要上法庭的。有人因此说，病理人是在临床和病人双重压力下，在没有鲜花和掌声的后台长期工作。

由于种种原因，各医院病理科冰冻切片的数量猛增。冰冻切片以往只是用于术中医生决定进一步处理才做的应急措施，而现在一些临床医生不管是否需要尽量送冷冻，无论根治术的大标本或细小的穿刺标本都要送冰冻。冰冻切片因未经固定脱水所以切片较厚，清晰度也差，有些在石蜡切片中容易确诊的病变，做冰冻切片就易误诊。2000年6月，麻省总医院曾报道140例卵巢交界性肿瘤的冰冻切片和石蜡切片，符合率仅有60%（误诊率高达40%）。另外，一些病变组织因临床医生切取不当或活检组织太小、太少也易造成误诊。误诊的后果当然严重，弄不好就涉及法律问题。病理科已成为高风险科室，许多病理医生在下诊断时胆战心惊，唯恐出现差错，以往都能明确诊断的病变也不敢下结论，而是采用"模棱两可"或大段描述性诊断。这样不仅使病理医生失去了认识和探究病变真相的机会，也给临床诊断和治疗带来困难。

刘彤华认为，病理医生自身应该不断提高诊断质量，把潜在的医疗纠纷降到最低。同时，除小心谨慎地工作外，病理医师也应该熟悉有关医疗纠纷的基本法律。更重要的是，社会也应该通过建立合理的制度来消除病理医生的顾虑。

第三，病理医生得不到应有的尊重。国内绝大多数病理医生都是正规医学院校毕业，他们之中不乏优秀的医学生，他们和临床医生一样都是因为工作需要或个人兴趣来到病理科工作。因为人们对病理工作的不理解，许多病人或其家属甚至有部分年轻的临床医生把病理医生看作化验员，认为病理诊断像机器化验那样简单，即把一个病理标本放进去就能得出结论。

更有一些临床医生认为，当需要诊断时，病理医生就应是"万能的"，无论什么疑难杂症，病理医生都应能诊断。殊不知，病变有千变万化，病理诊断是一个极为复杂的脑力劳动过程，除病理和临床知识外还需要经验和判断能力。有些类似的病变在临床不同条件下可以是不同诊断，如同样每10个高倍镜视野核分裂平均数为5或小于5的平滑肌肿瘤，在子宫则诊断为良性的平滑肌瘤，而在消化道则可诊断为恶性的平滑肌肉瘤。

刘彤华认为，病理医生与临床医生应是很好的合作伙伴。国外的外科医生手术后常常手套一摘，衣服一脱，就和病理医生一起看显微镜下的成像，这样就能理解疾病的发病机制，也会看到那些模棱两可、不好诊断的东西。而现在国内大医院临床工作任务量大，病理医生又少，如果二者缺少沟通的意识，也没有时间沟通，就会形成矛盾。而临床医生与病理医生如果不能密切合作，受害的只能是患者。

刘彤华说："现在有一些年轻的医生，他对病理的理解连感觉都没有，他不知道这个病理诊断的思路和基本过程。有些临床医生认为病理医生与其关系是'上下级关系'，甚至'主仆关系'，可以在活检还没有取出送病理检查前就命令病理医生做这种或那种检查，如做抗酸染色和做淋巴瘤的各种标记物染色，等等。但是事实上，该活检切片中既无结核病变亦无可疑的淋巴瘤病变。"更让刘彤华感到可悲、不解，甚至愤怒的是，她听说外地某些医院的领导或临床科室主任要求病理科给临床医生"开单费"，即临床医生每开一张病理检查单，病理科要给该医生"回扣"！刘彤华在一文中不无气愤地写道："病理医生作诊断是为临床医生诊治患者提供依据，如果该临床医生不需要病理诊断作为诊治患者的依据，那么他或她完全可以不送病理检查，何必浪费患者的钱又要'回扣'呢！"

病理医生从来只能当幕后英雄，当临床医生得到病理诊断并治好了病人后，病人只知是某位临床医生为他做了大量工作。某些医院领导也同样把病理科作为可有可无的辅助科室，许多病理科在医院没有地位，病理医生和技术人员当然更得不到病人、临床医生和各级领导的尊重。

很多中青年病理工作者不甘于这种地位和待遇，纷纷改行或出国，致使许多病理科人才流失和出现断层。有统计数据显示，学病理的本科生 2/3 都改行了。2009 年，全国统计病理科医生只有 1 万多人，相对于医疗诊断需求，人才缺口达到了 8 万人。

刘彤华认为,一所医院整体医疗水平的高低与病理诊断质量关系很大。在以前,国内病理科与国际上一样是与内科、外科、妇产科、儿科等临床各大科室同等重要,是有着同等地位的独立大科室,病理医生从业也是需要病理执照的,而现在的病理科被归入了辅助科室(又称医技科室)。对此,刘彤华不无忧虑:"某种程度上,这影响到了病理科的发展。所谓辅助科室实际上给人的感觉是:一,不重要;二,水平不高。"她认为,在一个医院里,凡是参与病人疾病的诊断和/或治疗的科室都应该是医院不可缺少的独立科室。这既是国际惯例,也是老协和的优良传统。

虽然医学领域有大量检测仪器,尤其是各种影像诊断仪的研制成功和应用为临床许多疾病的诊断提供了很多重要的信息,但是许多疾病的最后确诊还需要靠"金标准"的病理诊断。刘彤华坚定地认为,只有正确的病理诊断才会有正确的治疗,好的医院必须重视病理工作,要有强大的病理科做后盾。刘彤华说:"病理工作者可以长期工作在没有鲜花和掌声的幕后,但理应得到应有的尊重。"

老协和病理科丁濂教授曾评价刘彤华说:"笔杆子像刀一样,太锋利了。"熟悉刘彤华的人都知道,平日里,她心心念念的全是如何推动中国病理学事业的发展,让中国病理人的职业价值能得到充分展现。为此,她只问是非,不计利害,对她认为影响到工作质量、事业发展的任何问题,都是直陈利弊,从不做任何遮掩。

"要想想办法来解决这个问题"

在不断为病理事业大声疾呼的同时,刘彤华也从繁忙的各类工作中挤出时间多次深入基层医疗机构去实地了解情况,基层病理科的发展一直是她内心放不下的挂念。

广东省医学会病理学分会赖日权教授等学者在2009年曾撰文回忆：在过去的十多年里，刘彤华院士多次来到广州指导工作。除在广州作学术报告外，还不辞劳苦先后到深圳、肇庆、佛山、惠州、梅州和珠海等地基层病理科去实地查看，每到一处，她总是先参观病理科、了解工作情况和存在问题，然后会见医院有关领导，提出病理科存在的困难和解决困难的建议。这对基层病理科的建设发挥了重要的作用。如肇庆市人民医院病理科，自从刘彤华院士会见医院领导后，情况开始发生变化：逐年添置新设备、增加人员配备、加强业务队伍的建设和培养、扩大工作用房、改善工作环境、调整奖励办法……病理科人心趋稳，工作质量提高。这些改变不仅提高了医院整体的医疗质量，也取得了周边医院的信任，标本量逐年增加，收获更多的社会效益和经济效益。

　　基层病理科面临的的问题是人少、设备差，技术力量单薄，如果能把分散的技术力量组织起来，就可以发挥区域集体优势。当时，广东惠州、河源、汕尾三市病理界同仁经商讨后取得共识，认为应该组织跨地区的区域性病理学会。赖日权教授回忆：当时刘彤华院士得知该提议后特别赞赏，认为区域性病理学会的建立有助于互相支持、开展区域性学术活动。经三市病理科同志充分酝酿，并征得有关医院、当地卫生行政部门、司法部门、公安部门和省医学会同意后，三市协同组建了"东江病理学会"。在东江病理学会成立大会上，刘彤华院士到会发表了热情洋溢的讲话。此后，她一直关注着东江病理学会的发展。事实证明，区域性病理学会的建立，对推动基层病理科建设、解决疑难病理诊断、开展业务学习和经验交流、稳定基层病理队伍和提高人员业务素质皆起到了积极的作用。

　　2004年10月的一天，刘彤华一行赶到浙江衢州时已近黄昏，浙江萧山医院病理科的骆利康撰文回忆：当时刘彤华院士刚安顿下来就关心着病理科考察工作的安排。第二天，她亲自给衢州市及所属各县市卫生局主管领导、各医院分管业务院长讲授《病理科在医院中的地位和作用》。

在讲座中，她围绕病理科的基本建设、人才的选拔和培养以及病理科的发展等作了详细的论述。通过这次讲座，在座的领导们对病理科存在的价值和重要性有了深入的认识。

骆利康回忆：接下来在衢州的几天时间里，已近八旬的刘彤华院士不顾高龄，足迹涉及柯城、江山、龙游、开化等地，以期深入了解基层病理科的发展现状。每到一地，她都要围绕病理科的设备、工作用房、人员配备、人员素质、人才培养、工作开展项目、收费标准以及病理医生的待遇等一系列问题展开调研。这是她最关心的，也是困扰基层病理科发展的实质性难题。

很长时间里，病理诊断收费水平偏低，相比其他多数省区，因为诸多复杂原因，北京地区收费更低。在其他各类物价飞涨的背景下，北京地区病理学诊断检测收费标准 20 年里一直没有上涨，做一次免疫组织化学检查 80 元，做一次形态细胞学检查 40 元，做一次涂片检查只有

2004 年 10 月，刘彤华（左一）在浙江衢州进行调研
左二：骆利康；左三：丁华野

10元……收费偏低问题一直得不到解决，已严重影响到基层病理人员的工作积极性，因此也成为刘彤华的一个心病。

一天，刘彤华对当时担任北京医学会病理学分会主任委员的丁华野教授说："丁主任，你是北京病理学分会的主委，北京地区病理诊断收费水平那么低，你也得想想办法来解决这个问题。"

在刘彤华的大力推动支持下，北京医学会病理学分会协调北京市发展和改革委员会等相关部门在京郊怀柔召开了多方参与的会议。会议由刘彤华亲自主持，"病理物价收费太低，基层单位的病理医生待遇收入微薄，人员流失也很严重……"发言中，说着说着，刘彤华禁不住有些哽咽，眼睛也湿润了，这一幕让坐在一边的丁华野教授印象特别深刻，多年后提到此事，他仍忍不住有些动情。

尽管因为各种外在因素的制约，北京地区病理诊断检测收费低的问题在丁华野教授当主委期间还没能得到彻底解决（直到2018年才正式提价），但刘彤华院士对病理人生存境遇的关切以及对病理学事业发展念兹在兹的责任和情怀深深打动了他。丁华野教授说，刘彤华当了院士，从来没有想过要用院士的头衔为自己做点什么，她不图名、不图利，但为了病理事业的发展，她不顾年事已高，只要有机会就去向社会发声、呼吁，用自己身为院士的影响力为中国病理人争取着生存和事业发展的空间。

尽管经历了诸多艰辛历程，但经过几代中国病理人不懈的奋斗，如今国内病理界已形成枝繁叶茂的学科体系，拥有了相当规模的专业技术人员队伍。随着医学事业的进步，临床治疗的需要，病理学不断融入分子病理诊断、细胞学等医学科技前沿，这些进步不仅拓宽了病理学的内涵，也使病理学的学科地位和学科价值越来越得到重视，同时带来了硬件设备条件的大大改善。病理科里除了做组织病理的专业人才以外，从事生物学、生物信息等的人员也逐渐增多，病理学科发展越发体现出人员交叉、学科交叉的特色与趋势，这也吸引了更多年轻人投入病理学事业。

著名病理学家、中国科学院院士卞修武说："从全国病理学会参会的人数来看，每次都在 5 000 人左右，人气越来越旺。而刘彤华院士一直关心的眼耳鼻喉、儿科、皮肤等专科病理的学术活动，相比以前也越发显出蓬勃发展的良好势头。"

病理学事业欣欣向荣的景象让晚年的刘彤华倍感欣慰。在数十年的病理职业生涯中，作为一名行业领导者、学科发展的引领者，刘彤华为中国病理学事业发展殚精竭虑，起到了别人无法替代的作用。正如北京协和医院病理科曾瑄教授所感佩的那样，刘彤华院士用一生的努力不仅推动了协和病理科的发展，更可贵的是，她把自己多年沉淀积累的对病理事业发展的思考、观点毫无保留地推广到全国，使国内整个病理行业水平得以提升，这不是一般人可以做到的，她很无私。

2008年，刘彤华荣获北京协和医院首届"协和杰出贡献奖"；2010年，刘彤华荣获北京医学会"医学成就奖"；2011 年，刘彤华荣获中华医学会病理学分会颁发的"终身成就奖"，同年，她还获得中央保健委员会"杰出专家奖"。2015 年荣获中国医学科学院"终身成就奖"。

卞修武院士说："作为一名病理科医生，她解决了中国临床病理诊断的无数疑难病例；作为一名导师，她亲手培养了国内一大批优秀的病理杰出人才；作为中国病理学领域的学术带头人，她引领了一个时代的中国病理学发展，荣获首届'中国病理事业终身成就奖'，刘彤华院士当之无愧。"

第九章

显微镜下不了情

"病理医生既需要具备像福尔摩斯侦探一样敏锐的洞察力和推理能力，又需要有一颗日复一日、年复一年耐得住寂寞的心。"

"所谓的敬业精神，就是任何工作，不论性质如何，都有理想境界与更高的质量可以追求，而工作的意义和价值不在于其高低贵贱如何，而在于从事工作能否把重点放在工作本身，去挖掘或创造其中的乐趣和积极性。"

张静："这是一个黑色素瘤的，感觉细胞不像梭形细胞的样子，是吧，刘老师？"

刘彤华："有一点像腺管一样的柱状上皮。"

张静："她这次来只拿了一张 HE，需不需要他们带蜡块，染染免疫组化？"

刘彤华："可以，细胞类型也很多，这处像柱状上皮，重新借蜡块重新染吧。"

张静："那就染滑膜肉瘤的那一套是吧？"

刘彤华："染一个黑色素。"

张静："下面是女性宫颈活检，宫颈活检发现 HPV 阳性。"

刘彤华："这是一个宫颈内膜的息肉吧？"

张静："是的，这一点没有看出特殊的病理，共有3块，您看看这面。"

刘彤华："可见凹空细胞，破碎宫颈内膜伴磷化及小块增殖期子宫内膜。"

张静："下面这两个病例有意思，这个是声带的。男，声嘶，异物感，按声带息肉取的。您说像不像颗粒细胞瘤？S100是阳的，他取了两块。咱们写上颗粒细胞瘤伴鳞状上皮增生，行吗？"

刘彤华："行。"

张静："刘老师，这是一个眼球的，男43岁，眼部疼痛，有肺癌病史。"

刘彤华："可以转移到眼眶里面，怎么到了眼球，常见部位是眼眶。"

张静："刘老师，这个可像小细胞癌了，细胞核梭梭的。"

刘彤华："染免疫组化了吗？"

……

这是 2017 年平常的一天，北京协和医院病理科年轻医生张静协助 88 岁的刘彤华在科里为外院患者做病理会诊时的一段对话。这些因专业性太强而让普通人听不大懂的对话是晚年的刘彤华一天里说得最多的话。

1995 年，刘彤华从科室主任位置上退下来后，始终作为一个普通教授在科里开展新技术研究，从事科研和教学，解决疑难病理诊断。协和病理科原主任崔全才教授说："虽然刘老师不再担任科室的任何职务，但她仍然十分关心科室的发展，为科室出谋划策，仍然是我们科室的'主心骨'！"

每周一次的院士病理会诊，全国各地慕名而来的患者无数，刘彤华无特殊事情从不耽搁，且从不限病人，总是尽自己所能准确及时地给出报告；科里的疑难病例层层上交，经全科教授讨论仍无定论时，刘彤华便是最后的把关人。

她会诊时，科里的医生会按照排班表，带着事先准备好的片子和初诊意见去找刘老师一起看片子。她眼睛看字虽有些吃力，但看显微镜下的成像一点没有问题。科里的年轻医生都喜欢和她一起会诊，她会一边看片子，一边讲解、教学，最后告诉大家正确的诊断是什么。

八十多岁的刘彤华仍然耳聪目明、思维敏捷、条理清晰。让任新瑜医生佩服的是，耄耋之年的刘老师仍然是病理科随时更新诊断标准，掌握国际病理诊断发展最前沿的第一人，"国际上只要有新的诊断书籍出版，她总是第一个通读全书的人"。更令科里人赞叹的是，荣誉等身的刘老师仍然是科室里每天来得最早的职工之一。

当了院士以后，医院为刘彤华派了专车接送她上下班。每天早晨总是 7 点一过她就来到科里，看片作诊断、看书查文献、撰写文章、修改稿件、指导研究生……刘彤华把协和病理科看成了自己的孩子、自己的家。2009 年，科里的同事都清晰地记得 80 岁高龄的她不小心因为摔伤额头缝了 7 针，但她休息了不到 20 天就又出现在了病理科的办公室。面对来和她交流的医院团委的年轻人，她不无风趣地笑着说，这辈子什么摔翻、跌倒对自己而言就像是家常便饭，有时不知怎么回事就稀里糊涂地受伤了。

"漂亮、干练、精彩、和谐"

痴迷于工作的刘彤华是同事眼中的"拼命三郎"，但熟悉她的人知道，在工作之外，心思缜密、情感细腻的刘彤华也有着属于自己的丰富而知性的内心世界和多彩生活。

南方医科大学病理学教研室主任丁彦青教授[1]在接受纪录片《中国病理人的足迹》采访时曾被问到：如果用一个词或者一句话来形容刘彤华院士，会选择什么。他选用的词是：漂亮、干练、精彩、和谐。

刘彤华五官周正秀丽，圆圆的脸庞上一双眼睛总是炯炯有神，两道弯弯的月牙形眉毛透着江南人的灵气。中日友好医院病理科原主任赵恭华曾在刘彤华的指导下做过住院医师，后来又作为她的研究生在协和病理科工作学习了8年。她记得刚进科时，刘老师给她的印象是穿着得体，干净利落，是跟得上时代步伐的时尚女性。后来，她听说，刘老师自己会剪裁、做缝纫，大部分衣服都是自己做的，颜色搭配协调。刘彤华特别喜欢白颜色，家中的沙发也是白色的，那份纯净与她单纯爽朗的天性十分贴合。

中年以后的刘彤华外出时总是穿着朴素大方的衣服，脖子上喜欢围一条黑白相间的素色丝巾，习惯拎一只样式传统的黑色皮包，举手投足间透着温婉的亲和力。

刘彤华写得一手好字，她写在纸张和笔记本上的各类工作记录字迹清晰、工整、娟秀，令观者赏心悦目。刘彤华喜欢热闹，科室组织团建活动，只要能抽出时间她都会积极参加。让年轻人惊讶的是，从来没有

---

1 丁彦青（1951—），河南驻马店人，著名病理学专家，博士研究生导师。曾任南方医科大学病理学教研室主任、南方医科大学南方医院病理科主任，中国医师协会病理科医师分会第二届会长，中华医学会病理学分会第十一届委员会副主任委员，中国抗癌协会肿瘤转移专业委员会副主任委员等。

打过保龄球的刘老师一上手就能以正确的体态身姿打出漂亮的成绩。

彭旭军、赵砚萍是科里她特别信任的两位事务员，平时刘彤华的工资卡、银行卡都交给她俩保管。工作不是很忙的时候，刘彤华会和小赵、小彭利用中午的休息时间，穿过王府井东安市场到百货大楼逛一逛，偶尔也会买一件自己喜欢的衣服回来。她很遗憾老东安市场被拆掉了，"如果不拆那一定是闻名全世界的古建"。

刘彤华喜欢旅游，如同在显微镜下凝视病理世界，她也喜欢用照相机将她发现的大千世界里的那些新奇、有趣、有文化积淀的万千景物形态一一记录下来。每当她出国开会回来，也常会给科里人员介绍一些国外见闻，法国的卢浮宫、俄罗斯的圣彼得堡……她去欧洲时，对茜茜公主特别感兴趣，她欣赏茜茜公主自由、洒脱、奔放的个性气质。

刘彤华也喜欢看影视剧。在上海的时候，因为家旁边就是美琪大剧院，再走不远就是大光明电影院，少女时代的刘彤华学业之余常喜欢走进影院去静静品味银幕里各色人等的百味人生。到北京后，因为住的地

1980 年 12 月，刘彤华在法国参观巴黎圣母院

方周边没有电影院，电影看得少了。20 世纪 80 年代初，赵恭华记得曾陪刘彤华老师一起看过电影《巴黎圣母院》，两人看后就片中主人公爱斯梅拉达和卡西莫多的故事兴奋地谈论了很久。晚年的刘彤华，在看片子会诊、阅读文献之余，她也像年轻人一样喜欢追剧，她喜欢看历史剧和谍战剧，特别喜欢演员柳云龙，他主演的《暗算》等剧目，她让学生吴焕文帮她下载后看了好多遍。

夜深人静的时候，刘彤华也会放下手里的书籍，闭上疲惫的双眼，听几曲她从小就喜欢的古典音乐，任思绪在或悠扬或激昂的旋律中飘飞、驰骋……

"一切均应顺其自然，不能强求"

人们眼里的刘彤华平素总是波澜不惊、雍容大气，但很少有人知道，那份从容淡定的优雅里也隐着诸多遗憾和无奈。

在刘彤华 69 岁那年，她万万没有想到，比他大 3 岁的老伴张卿西会离她而去。平时张卿西虽然瘦弱，但身体一直还不错。谁知天有不测风云，就在刘彤华全身心投入病理学事业的同时，张卿西的身体突然亮起来了红灯：他出现了不明原因的发热、乏力，本来就瘦削的他变得更瘦了。到家附近的某军队医院去检查，他被确诊为骶骨淋巴瘤。

医院决定给张卿西做全身化疗，化疗后，张卿西全血细胞数降低，白细胞数不到 3 000/ml，血小板数量更少，最后因为大出血抢救无效而离世。张卿西走的那天是 1998 年 11 月 27 日，距离他退休刚过去 3 年。

因为张卿西的单位离家较近，很长一段时间里，在刘彤华早出晚归忙于工作的时候，给孩子做饭、照顾起居的家务活几乎全落在张卿西身上，而张卿西自己也承担着繁重的科研任务，但他从无抱怨，一直在背后默默支持妻子的事业。他走得实在有些匆忙，没能等来一年后妻子当选中国工程院院士的好消息。

张卿西的猝然离世让刘彤华陷入巨大的悲痛之中。后来，有放射医学专家告诉她，其实，对于骶部淋巴瘤局部放疗就可以，用不着全身化疗。当时，刘彤华也曾想过把老伴转到协和医院来治疗，但考虑部队工作的张卿西在军队医院治疗可以全部报销，到地方治疗则要完全自费，而这无疑需要一大笔的费用。当时，刘彤华和丈夫的收入并不高，全家人的生活还要指望可怜的工资过活，所以两人商量后决定还是留在初诊医院接受治疗。

对此，晚年的刘彤华总是不无遗憾地说："老伴要是能留在协和治疗，可能现在还活着。"

在周围人眼里，张卿西是一位非常优秀的医学科研工作者。在军事医学科学院，他曾多次率领课题组赴西北现场进行核武器生物效应观察实验。1964年10月，中国第一颗原子弹爆炸时他也在现场。在他的简历上记载着他的一系列成绩和荣誉：1966年，曾立三等功一次，也是1986年国家科技进步奖特等奖的主要贡献者之一；1990年1月进入军事医学科学院专家组；1992年10月起享受国务院政府特殊津贴；1993年被国际原子能机构列入专家名册。他一生共发表论文一百余篇，专著两部，译著一部。曾是军事医学科学院学术委员会委员、学位职称评定委员会委员，北京放射医学研究所学术委员会委员。

一般人很难想象，刘彤华和张卿西相伴相守四十余年，因为各自都忙于事业、学习，两人竟从未一起出去游玩过。或许，他们都在心里设想过，等他们都退休后也要像其他老夫老妻那样，一起携手相伴出游，饱览祖国的大好河山，但遗憾的是，命运没能给他们这样的机会。

在刘彤华的一生中，有很多难以言说的隐痛。儿子出生时不幸落下手臂残疾，大弟刘雨晴因为成绩优秀高中毕业后被保送到北京航空学院读书，却在1957年被无端错划为"右派"，十多年里一直没有工作，没有分文生活费，一生未婚……面对来自生活的一个个打击，即使遭遇最困难的情况，刘彤华也习惯性地靠自己强大的内心力量去承受、化解，她很少和别人提及个人和家庭生活的事情，更没有因此而影响到工作。在王德田的印象中，刘彤华总是利用业余时间处理家里的各种事情，在和她一起工作相处的四十多年里，他从未见到过刘彤华因为个人私事而请假过一次。

老伴儿走后，家里的生活重担全部落在刘彤华身上。让刘彤华欣慰的是，儿子、女儿各自都有了自己稳定的生活和事业。女儿张熠毕业于首都医科大学，曾在国内做过儿科医生，现一家三口定居在澳大利亚。平时，她和女儿通过微信保持联系。去世前一年，她还期待着能坐飞机去澳大利亚看望女儿。

刘彤华一直和儿子张炜一起居住，从小喜欢美术的儿子学会了用左手绘画，在不断的磨炼中画得一手好画。平素，刘彤华的日常起居由儿媳妇马丽萍照顾。刘彤华早出晚归忙于工作，儿媳妇包揽了家里全部的家务活儿。尤其是她晚年生病以后，儿媳妇一直在医院、家里陪伴她，成为刘彤华身边离不开的人。刘彤华很庆幸自己有一个好儿媳妇，还赠予她一个荣誉称号："孝顺的儿媳妇"。2017年的春天，一位朋友问刘彤华是否

2017年4月18日，刘彤华在王德田（右）和儿媳马丽萍（左）的陪伴下去北京平谷春游

想乘高铁去河南洛阳看看牡丹花，刘彤华很感兴趣，但特别嘱咐了一句："我要去的话，一定要带着我儿媳妇一起去。"

刘彤华一生几乎把所有时间都用来学习、工作，内心里总觉得对家人有亏欠。逢年过节，她会给家里每个人发红包；她坚持"儿子、女儿要一碗水端平"，发了工资总想着给远在澳大利亚的女儿换些澳币存起来；她还时时牵挂自己唯一的孙子张剑的婚事，"三十岁了，也不结婚，拿他没办法！"她发愁"父母着急怎么劝也没用，让孙子的姥姥、姥爷劝也没用"。

尽管生活充满了许多遗憾和无奈，但刘彤华总会以知足达观的心态看待生活的一切，她总说："一个人要求不能多了，太多了什么也做不了。"对刘彤华来说，内心平静就是幸福。平静时，人会安宁、有定力，这种定力带来自信，也带来淡泊。

在晚年接受医院老专家口述历史文化传承教育项目安排的访谈时，无论说起过去经历的坎坷、曲折，还是取得的诸多成就、荣誉，她的语气里总带着几分轻松幽默的味道。她不认为自己做出了多么骄人的成绩，会自嘲道："干了一辈子了，就干成这样。"面对大家对她的赞誉，她总是谦逊低调地说："大家对我是过奖了，我没有像大家说的那么好，我担当不起……"医院想给她写一部人生传记，她听了哈哈一笑说："这个院士不值得写……写起来很麻烦，就别写了。"

说起自己给予他人的诸多帮助，晚年的刘彤华很多都记不起来了，但别人对她的好，她都能清楚地记得。甚至有一年端午节，郎景和院士给她送来两只粽子的事情她都充满感激地记在心里。

视名利淡如水，看事业重如山。对刘彤华来说，她这一生从来不会为了自己精心做规划、设计，或认为自己一定要成为什么样的人，达到什么样的高度，她从来不和其他人攀比，只是认真地尽着自己的本分拼尽全力做着自己应该做的事情。

中日友好医院病理科原主任笪冀平教授回忆：有一次，他曾去找刘彤华教授做疑难病理会诊。会诊后，他将一份别人托他带给刘教授的军队临床医学成果奖证书交给她。她接过后，看了一眼，淡淡一笑说："这是两年前我会诊的病例，实际上是我最早做出的诊断，他们当时没有想到。"事后这个病例发表了，并作为罕见病例申请了临床医疗成果奖，而刘彤华的名字被放到了后面。这样的事情如果发生在别人身上，或许会感到委屈、愤懑，甚至会去理论一番，但发生在刘彤华身上，总是这样云淡风轻地过去，她骨子里对这些名利的东西看得很淡，也从不计较。

中国古代有一则"曲突徙薪"的寓言。有个农夫，家里的烟囱盖得很直很矮，烟囱旁边又放着一大堆柴火。有个过路人说他应该把烟囱盖成弯的，并且要把柴火放到离烟囱较远的地方，否则容易发生火灾。主人很不高兴，不理睬这个人。不久，这家果然失火，邻里都来救火，将之扑灭。主人非常感激扑火的人，大宴宾客答谢在救火中立功的人，却不曾想起感谢这个提醒他改烟囱、迁柴火的过路人。要是听了那个人的话，他家里不至于失火，更不至于花费钱财宴请宾客。

北京协和医院副主任医师任新瑜说，病理科医生所受的礼遇和这则寓言中的过路人很像。对患者来说，在内科则药到病除，在外科则神刀一挥，祛除病痛。待到病人真的恢复了健康，他们第一个想到的是找经治的临床医生，对他们千恩万谢，送锦旗、抬金匾，敲锣打鼓好不热闹，却从没有人想起那个"收起绞刑架"的人。

对病理医生来说，他们替病人发现了那么多危及生命的炸弹，一次又一次为病人"改判"，但他们精确的诊断很少能得到病人亲口说出的赞许，在病理科也很难见到一块锦旗和金匾。在很多患者及家属眼中，病理诊断报告与机器检测出的各类化验单是一样的，他们不大了解背后的差异以及病理医生为之所付出的诸多艰辛和不易。

刘彤华一生做出过30万份病理诊断，其背后是30万个患者和他们背后的家庭。尽管这些病人中的大多数并不认识刘彤华，甚至也没听说过她的名字，但刘彤华不在乎是否有鲜花和掌声，也从不在意病人的回报，对在行医中所遭受的冷遇也只是淡然一笑。她更在乎的是，她的诊断能否帮助临床医生正确判断病情，为患者提供最适宜的治疗方案，每当她解决一例疑难病理诊断后，她就会感到一种胜利者的欣慰和自豪。她相信，就像有些纪念碑上所写：有些工作虽无人知晓，但其价值和意义不会泯灭，会永远存在于历史的长河之中。

随遇而安，顺势而为，刘彤华的病理人生充满了许多智慧和艺术。因为各种原因，她送出去的学生仅有少数能回国后坚持在病理科工作，这是让她深感遗憾的事情，但她也常常对自己也对他人说："在国外能培养人才，在国内同样能培养人才，一切均应顺其自然，不能强求。"对于她能控制的，她会以锲而不舍的韧性将其做到极致；对于她不能控制的，她坦然接受，同时也在危机中寻找生机，通过努力将劣势化为优势。她让自己的生活恬淡成一汪平静的水，在各种磨砺中不断修炼自己，以一颗越来越平和、包容的心随时应对生活中各种意想不到的挑战。

"在鬼门关走了一遭"

刘彤华天生体质较弱，身体一直不很结实，患有糖尿病的她，饭前需要打胰岛素针剂，因此外出时不敢随意进餐，但不管怎样，她从未因身体健康原因而影响工作。然而，世事难料。

2015 年元旦前后，85 岁的刘彤华在弯腰捡拾掉落在地上的一支笔时不慎摔倒，坐了个屁股蹲儿，腰腿疼痛难忍，去医院检查发现脊柱腰椎处出现骨裂，不得不住院卧床治疗。

考虑到家人照顾不便，科主任梁智勇安排科里人员 24 小时轮流排班去照顾刘彤华老师。一天，正赶上学生师晓华陪护，当天上午刘彤华因大便有潜血被安排做了胃镜检查。到了晚上，师晓华发现刘老师没有像以前那样雷打不动地坚持看影碟、追剧了，平日里特别爱干净的她也没有像以往睡前必须要做的那样洗脸、洗脚、梳头、擦香了，人显得有些发蔫，刚到晚上 7 点就沉沉睡去……师晓华看着不对劲儿，连忙去叫值班医生，医生检查发现她的体温有些升高，做了床旁胸片后觉得情况不好，怀疑是吸入性肺炎，便立即决定将其送进重症医学科救治。

这次突发的肺炎来势凶猛，刘彤华在重症监护病房发高烧整整昏迷了 2 天，后来她回忆说："那真是在鬼门关走了一遭。"这次住院从年初住到 6 月中旬，直到刘彤华的身体状况渐渐稳定下来后，她才被允许出院。

劫后重生，尽管思维依旧清晰，但刘彤华明显感觉自己身体不如以前了。两条大腿肌肉完全没有劲，走路困难，尤其是右腿总是在抽动，早上会比较好一点，但到下午和晚上就抽得厉害，平卧躺下来，腿伸直了，就不抽，但走路后又开始抽了。她给这条腿起了个名字，叫"不安腿"。而更令她苦恼的是，记忆力明显下降了。"一本书是否看过，也回忆不起来了。"她自嘲说："手脚冰凉，头脑发热。"

在家里，她勉强可以拄着拐棍走几步，但走两个来回就要赶紧坐下来休息。她很不习惯拿拐杖，要出去只能由儿媳妇推着轮椅才能乘电梯出去。有时候外出或下班回来，推着轮椅快要到电梯口的时候，她会站起来，硬撑着走几步，这就是她所能走的最远的距离了。

一辈子独立、好强的刘彤华，默默隐忍对抗着病魔对她身体和精神的摧残，想尽办法尽可能推后自己生活中对他人依赖的时间和程度。她带着强烈的要好起来的愿望，每天坚持靠墙站立 5 分钟，大腿肌肉萎缩站不起来，她就借助还算有力的双手扶着物体让自己瞬间发力"蹭"地一下站起来，再小心翼翼地走几步路。每天早晨，她都会乖乖把儿媳妇按照处方配好的一把药物一口吞下，她努力坚持少进食来减轻体重，她告诫自己要尽一切可能避免住院。在科里，学生们在她办公桌上安了一个小铃铛，只要她有需要随时都可以按响。事务员彭旭军、赵砚萍的办公室离她很近，听到铃响，或发现她那边有动静，她们就会立即赶过来给她提供帮助。但刘彤华总是不愿意麻烦大家，她尽量让自己少喝水，以减少起身的次数。

每天早晨6点，刘彤华就醒了，之后就起来等着车来接她去医院。到科里后，她就集中精力审看科里事先准备好的会诊片子。中午11点半左右，医院食堂会给她送饭，她吃完饭会午睡一会儿；下午1点左右起来后，通常会阅读文献、看看电视，如有材料，她就带回去利用下午的这段时间再进行浏览。周一、周三是她的会诊日，需要会诊的片子在30例左右，通常会在周二、周四集中送过来，因此这两天也是刘彤华比较忙的时候。会诊病例中有的一例只有一张片子，有的一例要有二三十张片子，容易的几秒钟就可以做出诊断，如果碰上疑难的，往往要反反复复看，直到有结论为止。

渐渐地，刘彤华发现只要自己专注看片子，她就感觉不到那条"不安腿"的抽动。而且，回到科里坐在自己的办公室，沉浸在那个她熟悉得不能再熟悉的世界里，她的脑力、记忆都在一点点恢复。不仅如此，只要平时上班，晚上12点以前她就可以安然入睡，但到了周六、周日不上班的日子，她就会失眠，通常要到凌晨两三点才能勉强睡着，凌晨5点就会醒来。

因此，尽管身体虚弱、腿脚不便，她还是每天坚持去医院看各类会诊片子，感觉依然敏锐的她像一名驰骋在"猎场"的优秀老猎手一样，喜欢伏在密林深处，与那个险象丛生的世界默默对峙，直到准确猎杀到各类狡猾无比的猎物，交由医生对其进行处理后，她才感到一天活得踏实、开心。

也许考虑到自己的时间不多了，当她身体和精神状态好的时候，她更愿意将精力放在工作上，对她来说，多看几张片子比面对来访者回忆追溯往事更重要。只要她在看片子，其他人无论以什么理由都是不能去打扰她的。

尽管有车接送，但每天上下班路上也需要近两个小时，看到她每日来回辛苦奔波，科里担心她身体吃不消，但刘彤华对科里人说："不用担心，万一有闪失，我上医院更方便。"去医院看片子、做诊断，是她用以抵抗衰弱和病痛的有效方式，更是她活着的全部生命意义和价值之所在。

研究了一辈子胰腺癌的刘彤华最后检查发现自己也患上了胰腺癌，经过放疗科几次治疗后病情得到了控制，当医院决定再为她继续做化疗时，刘彤华摇摇头，坚决放弃了，她说："算了吧，能活就活，不能活就算了，年纪也差不多了。"

功德堪无量，丰碑驻人间

笪冀平教授回忆，一位早他几年毕业的师姐曾告诉他："刘教授待人非常宽厚，你看她的耳垂像观音菩萨的耳垂。"

刘彤华长相端庄大气，到了晚年，慈眉善目的面孔上越来越显现出一脸佛像。有人说，刘大夫一辈子诊断过无数的病人，而且力求准确。德不近佛者不能为医，技不如仙者不能为医，她来到这个世界，就是来普度众生的，功德堪无量，丰碑驻人间。

与病理医生打交道的不是鲜活的病人，而是冰冷的切片，但在刘彤华眼里，那些标本、切片也是一份份有温度、有气息的生命，虽然她不能像临床医生那样，对患者微笑，或握着患者的手给他们送去安慰，但她可以把对患者的关爱倾注到显微镜下。

"一醉病理六十秋，心牵镜下情和愁"，在一张张只有 7 厘米长的小小载玻片上，刘彤华每天都在以一种特殊的形式和患者沟通、交流。她牵挂着这些患者的安危，也能感知到切片背后的焦虑不安，她时时刻刻都在提醒自己不能有任何的差错，不能误导临床医生，不能给患者以及他们的家庭带来损失和蒙上阴影。她把爱和责任化为了精准，这是她对患者最大的敬意和爱。

作为金标准中的金标准，刘彤华的非凡才能和造诣，与其说来自能力，不如说源于她骨子里对生命的敬畏和责任，源于一位医者对患者内心深处难以割舍的仁爱和慈悲。

有这样两个场景给病理科梁智勇主任留下了难忘的印象：

2005年前后，一位衣衫褴褛、憔悴不堪的父亲领着他得了"怪病"的孩子来到协和医院病理科，怯生生地向医生打听刘彤华院士的办公地点。这位父亲向科里的医生讲起了他的求医经过，动情处泣不成声。原来他已经带着孩子来京看病一个多月了，但就是因为病理结果迟迟不能发出，不能盲目用药，就算是最权威的医院亦无可奈何。父亲带着孩子和切片走遍了京城的各大医院病理会诊中心，每个地方都耗费了半个月的时间，看病的钱还没用到治病上就已经所剩无几了，但是结果仍然不确定。眼看着孩子整天遭受病痛的折磨，心急如焚的父亲经人推荐，抱着最后的希望来协和找刘彤华老师。

正在这位父亲为难诉说之际，刘老师闻声而出，问明原因二话没说，接过病人的片子便回到自己的办公室。时针静静地走着，父亲坐在那儿把孩子搂在怀中，绞着手、皱着眉，眼睛看着地面，看得出来他又一次陷入担心希望破灭的煎熬之中。10分钟过去了，刘彤华办公室的门打开了，她给孩子作出了明确诊断，并向父亲解释，虽然疾病是恶性的，但以现在的医学手段还是有救的。只听"扑通"一声，父亲拉着孩子给刘彤华长跪不起，在场的人无不为之动容。刘彤华坚持没要病人的会诊费，她觉得他们应该把最后的钱用在治疗上。

2008年，四川发生特大地震灾害后，短短几天时间，病理科全体人员共向灾区捐款21 765元。刘彤华院士已近耄耋之年，但第一个主动为灾区捐款1 000元。她说："钱虽然不多，但这是我对灾区同胞的心意，希望他们在党和国家的领导下，在全国十三亿兄弟姐妹的帮助下，早日渡过难关，重建家园。"

对刘彤华来说，与北京协和医院近70年的缘分是命运对她此生所做的一个神秘而美丽的安排。回顾自己在协和的事业、生活，刘彤华觉得自己就是从上海圣约翰大学医学院走出来的一个普通医学生，家里没有什么根基，也非什么书香门第，能在协和认识很多自己敬仰的老教授，跟老教授融洽相处，得到他们的认可，做出一点儿成绩，能在协和这个神圣的医学殿堂里过完自己充实的一生，她感到很开心。

从走进协和的那天，许多人因为各种各样的原因离开协和去寻找更好的发展空间，但刘彤华从未想到过离开。命运之手牵引她走进了病理世界，从此她就再也没有回头。尽管她内心深处曾是那样向往临床，但她从来没有东张西望，就那样心无旁骛地静静守住了自己的本分，不断被病理学的浩瀚神秘所吸引，发现了它的价值和意义，于是在那里留下了自己锲而不舍的决心，在命运给自己留下的这方天地里日拱一卒，勤奋耕耘，没有一天懈怠。

刘彤华晚年曾和人说起过自己的性格："我这个人就是好强，在一个地方不说做出多大的成绩，至少一定要做好，绝不叫人背后指指点点。我做事情就是认真，不会随随便便、马马虎虎做一个事情，我不是这个性格。"

人生很长，也很短，做好一件事，无问西东。在刘彤华的病理生涯中，经她之手阅过的片子、签发的报告达30万份之多，却极少发生差错，这不能不说是一种奇迹。刘彤华有着令人惊叹的韧性，这份韧性是对磨难的接受力。而所谓磨难，有时并不是惊天动地的大事件，而是细沙一般的日常所见，甚至是单调的重复。有时很小的一件事，反复落实，对人都是极大的考验。每一天、每一周、每一月、每一年的点滴积累和坚守，汇聚成了刘彤华近70年绚烂的病理人生，她靠的就是一份沉静、持久、专注的内功。

丁华野教授回忆，2013年，已是84岁的刘彤华院士在北京病理学术会议上曾对台下三四百名年轻医生说："病理医生既需要具备像福尔摩斯侦探一样敏锐的洞察力和推理能力，又需要有一颗日复一日、年复一年耐得住寂寞的心。选择当病理医生，首先要能够在显微镜前稳稳坐住，我干了几十年病理，现在也只能说看明白了 95% 左右的病例，我还有 5% 左右的是看不懂或者是不了解的，我要去学习，要去查书，我还要去学习很多很多东西。年轻人干上五六年，你可能看懂百分之五六十，你再干上十几年，你可能看懂百分之七八十，形态病理再过 50 年到 100 年也不会过时的，需要我们不断地去钻研、去努力。"

刘彤华在一篇文章里曾写下过这样一段话："所谓的敬业精神，就是任何工作，不论性质如何，都有理想境界与更高的质量可以追求，而工作的意义和价值不在于其高低贵贱如何，而在于从事工作能否把重点放在工作本身，去挖掘或创造其中的乐趣和积极性。"这段话用在刘彤华自己身上也是恰如其分。

北京协和医院党委办公室原主任顾文英教授，每次提起刘彤华，无不发自内心地称赞其为"博学正直的协和人"。而在检验科原主任李林看来，数十年间，无论是国家、社会，还是每一个人，都发生了很大的变化，但刘彤华却几十年如一日，无论病人是高干还是普通百姓，都一视同仁，既不攀附也不轻视，认真负责地做好诊断；对上级领导也从不奉承，总是直言不讳，指出问题；而对年轻人和进修医生却总能和蔼可亲、悉心教导。

临事以忠，待人以诚，言行笃实，谨慎立身。刘彤华在潜心病理事业的同时，也向世人展现出一代大家学者的君子风范。丁华野教授表示，如果必须要用一个词来概括他心目中的刘老师，那就是"精诚大医"："精"，是对工作的精益求精，兢兢业业，一丝不苟；"诚"，是对病人、对年轻人、对同事，真心诚意；"大医"，是她用一生的努力成为中国最有名的诊断病理学家。

在北京协和医院，包括妇产科郎景和院士在内的很多人平时更愿意称刘彤华为刘大夫。尽管命运让她与自己心仪的专业错过了，但在大家

2009 年 11 月 13 日，为庆祝刘彤华八十大寿，郎景和（右）亲书贺寿条幅"大医精诚，火眼金睛"

心里，她就是大夫，一位虽然不能在床边见到病人，但却时时刻刻把病人放在心间、赢得无数世人尊敬的真正的好大夫。在她 80 寿辰之际，郎景和亲书了贺寿条幅"大医精诚，火眼金睛"，表达了一名临床医生对病理医生刘彤华大夫的由衷敬意。

"严谨、求精、勤奋、奉献"是北京协和医院的院训，也是对协和精神的高度概括。在周围同事眼里，刘彤华用自己一生的勤奋和执着为这 8 个字做了最生动的诠释。她对本职工作极端认真负责，对人民健康和卫生事业无私奉献，凭着自己锲而不舍的韧性，将协和老一辈医者身上积淀的崇高的医学职业精神传承、发扬得淋漓尽致，给年轻一代医务工作者留下了最宝贵的精神财富。

在她去世前一个月，医院宣传处采访时问她："当协和医院建院 100 年的时候，您希望协和病理科发展成什么样子？"刘彤华微笑着平静地说："希望科里各方面都做得好，希望继承者能保持老协和的水平，尽心尽力地钻研业务，提高业务水平，加强与临床大夫的沟通，使协和医院病理科能长期位于国内医院病理科的先进行列。"这也是她晚年最大的心愿。

2011 年 9 月 16 日，刘彤华参加北京协和医院建院 90 周年座谈会并做主题报告

刘彤华的一生丰富而单纯，丰富的是她近 90 载人生经历了无数时代风雨的历练；单纯的是她一生就做一件事，把这件事做到了极致，那就是始终以一个医生的最高标准要求自己，为病人和医生服务，把病人的生命和中国病理事业的发展看得高于一切。

在刘彤华院士八十寿辰时，中国工程院院士程天民[1] 用苍劲有力的笔法写下了"明目孜孜察秋毫，丹心彤彤报中华" 14 个大字的庆贺条幅，这也是对刘彤华一生所做的最好的概括。

北京时间 2018 年 7 月 8 日 11 时 11 分，刘彤华永远闭上了那双明亮而专注的眼睛，这双眼睛阅览了无数的生命图景，也在世间留下了一个个精彩美丽的传奇。

1　程天民（1927—），江苏宜兴人，防原医学与病理学家，中国工程院院士，中国防原医学特别是复合伤研究的开拓者，原第三军医大学军事预防医学系全军复合伤研究所教授。

明目致兹窥秋毫

丹心彤彤报中华

彤华院士八十华诞志庆

程天民书贺 二〇〇九年夏 于重庆

程天民院士为刘彤华八十华诞题词

239

尾声：最好的怀念

在刘彤华院士逝世前一天，病理科主任梁智勇教授在西藏出差，听说刘老师状态不太好，便紧急赶回了北京，在病房见了老师最后一面。吴焕文副主任是在赶往内蒙古参加学术会，临上飞机前得知这个噩耗的，身陷悲痛之中的他感到一切来得太突然。就在前一天，他去病房看望老师时，老师看上去还好好的，思维非常清晰，还在向医院消化科、放射科的两位老师介绍刚担任病理科副主任的他，希望他们能在工作中多多支持、帮助他……

在刘彤华院士几次生病住院的日子里，科里的同事、学生以各种形式给了他们心中敬爱的刘老师无微不至的温暖和关怀。刘彤华院士生前，一直希望能在有生之年完成《诊断病理学》第4版的出版。2019年，她的同事和学生将第4版《诊断病理学》更名为《刘彤华诊断病理学》出版，作为对他们心目中最敬重的刘彤华老师在天之灵最好的告慰。

每年的清明节和刘彤华院士的祭日，学生们都会去八宝山墓地看望老师。把墓碑擦拭得干干净净，再敬重地摆上一大束鲜花。

在北京协和医院建院100周年之际，梁智勇主任组织科里编写了反映协和医院病理科百年发展奋斗历史的《金标准中的传奇》一书；2023年，作为现任中华医学会病理学分会主任委员，梁智勇主任筹划组织开展了《中国病理人物口述史》系列人物访谈资料采集和视频拍摄、传播工作，期望以老一代病理学家的视角，真实客观讲述他们的人生与中国病理学发展密不可分的经历，以此传承、创新、发展中国病理文化，吸引更多青年人了解病理、加入病理、热爱病理，以老一辈病理学家为楷模，继往开来去追寻病理事业的一个又一个神圣梦想。

梁智勇主任相信这是刘彤华老师内心深处最期望他去做的，而这也是后辈们对她以及与她一样的中国老一代病理人最好的致敬与怀念！

附　录

刘彤华大事年表

1929 年　出生
11 月 13 日，出生于江苏无锡，父亲名为刘闰元，母亲名为任佩瑛。

1934 年　5 岁
就读于无锡白水塘小学(一至三年级)。

1937 年　8 岁
就读于上海马浪路口小学（三至六年级）。

1941 年　12 岁
就读于苏州诚一中学。

1944 年　15 岁
就读于苏州省立女中（高一至高二上半学期）。

1946 年　17 岁
就读于上海启明女中（高二下半学期至高三）。

1947 年　18 岁
就读于上海圣约翰大学医学院。

1952 年　23 岁
就读于北京协和医学院病理高级师资培训班。

1953 年　24 岁
上海圣约翰大学医学院毕业，获医学博士学位。同年，任第六军医大学（南昌）病理系助教。

1954 年　25 岁
4 月 7 日，中央军委将第六、第七军医大学合并为第七军医大学，校址重庆。暑假，随校迁至重庆，任第七军医大学病理系助教。

1956 年　27 岁
4 月 27 日，与爱人张卿西结婚。

1957 年　28 岁
调至中国协和医学院任病理系助教。

1958 年　29 岁
5 月，儿子张炜出生。

1962 年　33 岁
晋升为助理研究员。同年，女儿张熠出生。

1969 年　40 岁
中国医学科学院实验医学研究所全所迁移至简阳，刘彤华、路英杰、叶盛芳调入协和医院，成立病理室。

1972 年　43 岁
病理科独立成科。在中国医学科学院实验医学研究所原病理系以及党支部的帮助下，搬到简阳的全部尸检档案运回北京，存于老楼九号楼三层。此前，王德田、刘福成、刘鸿瑞、南潮相继来科。

1974 年　45 岁
王德修任病理科主任。日常病理业务由刘彤华及臧旭主管。

1976 年　47 岁
参加甘肃医疗队一年。

1978 年　49 岁
晋升为副主任医师、副研究员。任病理科副主任。聘为硕士研究生导师并招生。

1979 年　50 岁
发表《淋巴结反应性增生（30 例颈、腋淋巴结活检的临床病理分析）》论文，国内最早报道 Kikuchi 病。

1980 年　51 岁
9—12 月，与曾宪九、陈敏章赴英国参观访问。
刘彤华在国内率先开展免疫组织化学病理新技术，并向全国推广。
提高胰岛增生和胰岛素瘤诊断的研究获卫生部科技进步甲级奖（排序三）。

1981 年　52 岁
刘彤华加入《中华病理学杂志》第二届编委会。

1983 年　54 岁
晋升为主任医师、研究员。

1985 年　56 岁
任病理科主任。
出具中国大陆第一例输入型艾滋病病例的病理报告。
胰头癌对胰内胆管环形壁内浸润的研究获卫生部科技进步奖二等奖（排序一）。

1986 年　57 岁
聘为博士研究生导师。获评北京市卫生局"北京市卫生系统服务标兵"。

1987 年　58 岁
获中国科协"学会先进工作者"称号和中国医学科学院北京协和医学院"发展贡献奖"。
开始招收博士研究生。

1988 年　59 岁
获评卫生部"有突出贡献的专家"。

1990 年　61 岁
获评北京市"三八红旗手标兵"。

1991 年　62 岁
获国务院政府特殊津贴。

1993 年　64 岁
任中国协和医科大学临床学院病理学教研室主任。
人胰腺癌细胞分子生物学及细胞生物学特性的研究获卫生部科技进步奖二等奖（排序一）。

1994 年　65 岁
主编的《诊断病理学》出版。

1995 年　66 岁
获北京市总工会"爱国立功标兵"、国家教委"全国优秀教师"荣誉称号。人胰腺癌的分子生物特点及反义基因调控对其恶性表型的逆转获 1995 年度国家科技进步奖二等奖（排序一）。

1997 年　68 岁
与刘复生共同主编的《肿瘤病理学》出版。

1998 年　69 岁
主编的《诊断病理学图谱》出版。

1999 年　70 岁
12 月 27 日，当选中国工程院院士。

2003 年　74 岁
获北京市总工会"首都劳动奖章"。

2005 年　76 岁
获评中央保健委"中央保健工作者特殊贡献者"。

2006 年　77 岁
主编的《诊断病理学》第 2 版出版；与刘复生共同主编的《疑难外科病理诊断与鉴别诊断》出版；廖松林总主编、刘彤华等主编的《肿瘤病理诊断与鉴别诊断学》（上下卷）出版。

2008 年　79 岁
获北京协和医院首届"协和杰出贡献奖"。

2010 年　81 岁
获北京医学会"医学成就奖"。

2011 年　82 岁
获中华医学会病理学分会"终身成就奖"。

2013 年　84 岁
主编的《诊断病理学》第 3 版出版。

2014 年　85 岁
主编的《刘彤华院士集》出版。

2015 年　86 岁
获中国医学科学院"终身成就奖"。

2018 年　89 岁
7 月 8 日，因病在京与世长辞。

刘彤华主要论著目录

一、论文

1　食管癌的分型研究

2　宫颈癌患者尿内雌激素、孕二醇、17 羟皮质醇和垂体促性腺激素的测定

3　胰岛素瘤的诊断和手术治疗经验

4　结肠幼年型息肉癌变（印戒细胞癌）一例报告

5　胰岛素瘤 I .60 例诊断和治疗经验

6　淋巴结反应性增生（30 例颈、腋淋巴结活检的临床病理分析）

7　胰岛素瘤 II .60 例病理分析

8　Hypoglycemia insulinoma or islet hyperplasia?

9　男性假两性畸形与性腺肿瘤

10　间叶瘤合并抗维生素 D 的低血磷软骨病一例报告

11　卵巢硬化性间质瘤（附十例临床病理分析）

12　肠道类癌 19 例合并类癌综合征 3 例报告

13　克隆氏病：II .60 例病理分析

14　胰头 - 壶腹区癌的形态学研究 I. 形态特点和造成黄疸的病理基础

15　胰头 - 壶腹区癌的形态学研究 II . 组织发生

16　细针穿刺吸引细胞学检查诊断胰腺和壶腹部肿瘤

17　甲状腺髓样癌伴多发性神经瘤 -MEN- III 型（附一例报告）

18　子宫平滑肌肉瘤（附二例血管内平滑肌瘤病）

19　卵巢内胚窦瘤的治疗及预后

20　消化性溃疡病患者胃窦部 G 细胞的特点 - 电镜和免疫组织化学研究

21　Morphologic study of pancreatic head and ampullary region carcinoma with special reference to pathologic basis of jaundice.

22　Histogenesis of pancreatic head and ampullary region carcinoma.

23　胃肠道病理的进展

24　Clinico-pathological and ultrastructural characteristics of pheochromocytoma. An analysis of 55 cases.

25　胃泌素瘤 -4 例超微结构和免疫组织化学分析

二、著作

后　记

在刘彤华院士逝世的几年间，不断有纪念和缅怀她的短文和感言涌现，也鞭策着我们要将她留给后人的文字记载流传下去。自2017年本书组织筹备起，就有诸多团体和人士提供了许多宝贵的资料。特别感谢孟小捷女士对全书进行精心编撰加工，进一步增加了本书的可读性，感谢北京协和医学基金会、中国科学技术协会、中华病理学杂志社、诊断病理学杂志社等单位的大力支持；感谢人民卫生出版社出版团队对整部传记的策划和指导；感谢中国病理界前辈和同仁讲述与刘彤华院士的感人过往，为本传记的学术性和历史性保驾护航。

在长达7年的筹备期中，北京协和医院的诸位领导及同仁，持续予以了大量的支持和帮助。病理科和宣传处成立的采集小组前往各地走访寻证。感谢段文利处长、董琳副处长、严晓博老师对刘院士的纪录片拍摄和传记编写给予专业的指导和严谨的建议；感谢消化内科钱家鸣教授、杨爱明教授、吕红教授和郑威扬主治医师对部分书稿的用心指导和修改；感谢病理科陈杰教授、崔全才教授、卢朝辉教授和彭旭军老师在传记问世前一直以来的关怀；感谢病理科曾瑄教授、吴焕文教授、师晓华副教授、武莎斐副主任技师和庞钧译技师在组织筹备前期和撰写、修改过程中付出的大量时间与心血；感谢病理科杜佳璐技师和吴世培技师对本传记的校对和整理。

最后，我们要感谢所有参与采集工程的工作人员和专家学者的辛勤付出和无私奉献。感谢相关单位、病理学界和医院的诸位前辈、专家和同仁在传记编撰成书过程中的支持和帮助。还要特别感谢孟小捷女士，是她用丰富的学识与精妙的笔锋，勾画出刘彤华院士浓墨重彩的一生。

受编著者水平所限，本书难免有疏漏甚至不当之处，敬请读者斧正。

梁智勇　　陈明雁

2024 年秋

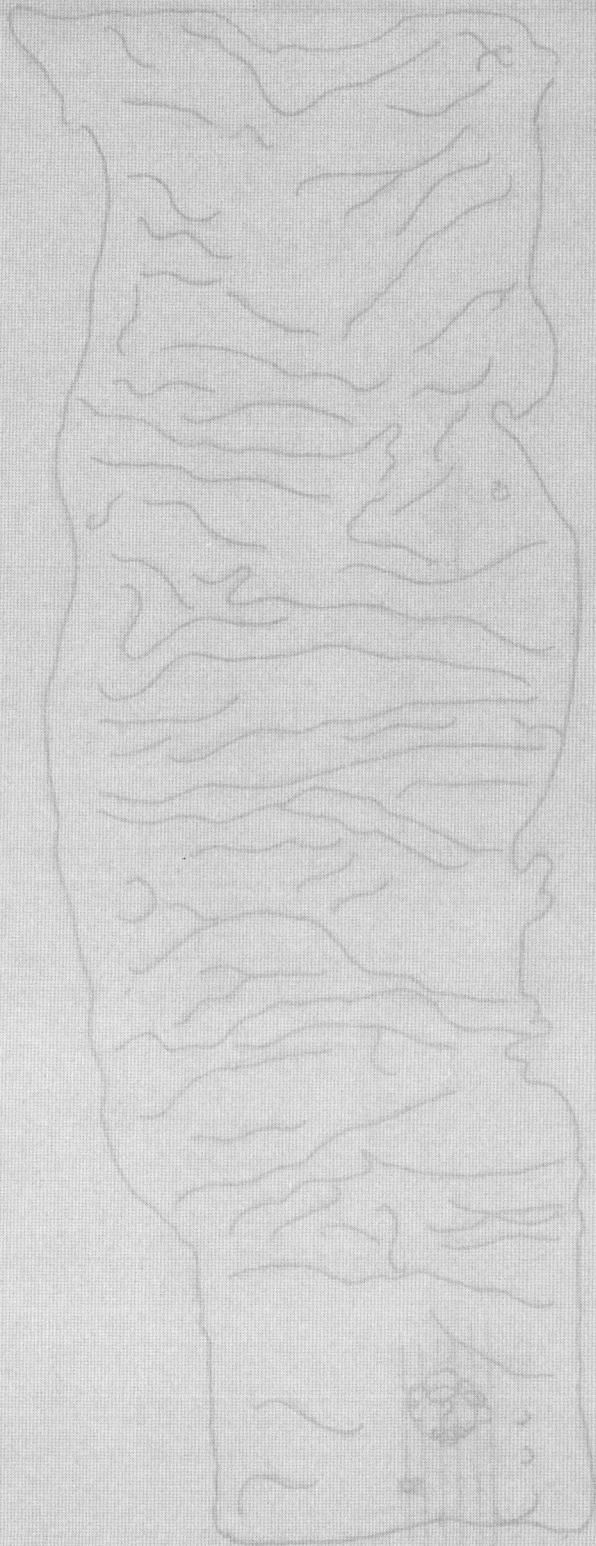

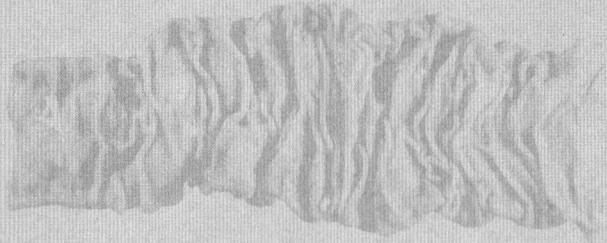

S-306276

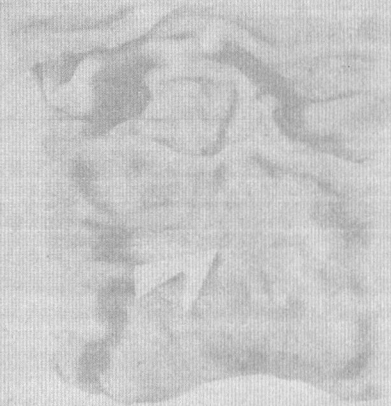

S-306276

基础和临床相结合，一直是并将永远是医学科研的出路；而去除浮躁，沉静下来，才能做出大学问，取得大成就。

——刘彤华

在病理诊断中，凡没有百分之百把握的，决不轻易下结论。她这种科学态度至今深深地影响着我。

——中国工程院院士王正国

版权所有，侵权必究！

图书在版编目（CIP）数据

显微镜下写传奇 ：病理学泰斗刘彤华传 / 梁智勇，
陈明雁编著 . -- 北京 ：人民卫生出版社，2025. 1.
ISBN 978-7-117-37225-1

Ⅰ. K826. 2

中国国家版本馆 CIP 数据核字第 2024CA5035 号

显微镜下写传奇 ：病理学泰斗刘彤华传
Xianweijing xia Xie Chuanqi: Binglixue Taidou Liu Tonghua Zhuan

编　　著	梁智勇　陈明雁
策划编辑	周 宁 于 捷　责任编辑 周 宁　书籍设计 尹 岩
出版发行	人民卫生出版社（中继线 010-59780011）
地　　址	北京市朝阳区潘家园南里 19 号
邮　　编	100021
E - mail	pmph @ pmph.com
购书热线	010-59787592　010-59787584　010-65264830
印　　刷	北京盛通印刷股份有限公司
经　　销	新华书店
开　　本	710×1000　1/16　印张：18　插页：6
字　　数	241 千字
版　　次	2025 年 1 月第 1 版
印　　次	2025 年 1 月第 1 次印刷
标准书号	ISBN 978-7-117-37225-1
定　　价	68.00 元

打击盗版举报电话　010-59787491　　E - mail　WQ @ pmph.com
质量问题联系电话　010-59787234　　E - mail　zhiliang @ pmph.com
数字融合服务电话　4001118166　　　E - mail　zengzhi @ pmph.com

1991 年 12 月 16 日，刘彤华（中）参加研究生答辩

1992 年，刘彤华伏案赶写《诊断病理学》书稿

1994 年，刘彤华在全军诊断病理会议上做报告

2003 年，刘彤华（右）与梁智勇博士后出站答辩合影

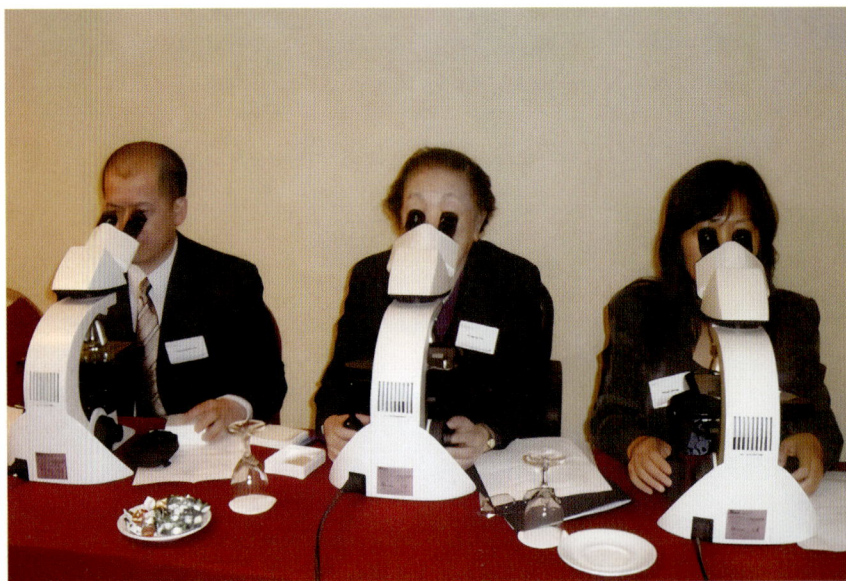

2008 年 11 月，在意大利米兰，与欧美多国同行阅片讨论 HER2 检测的规范化

2011 年 9 月 16 日，刘彤华参加北京协和医院建院 90 周年座谈会并做主题报告